99%가
행복해지는
정치

99%가 행복해지는 정치

행복해지는

조승헌 지음

이 책은 [조승헌(2011), 행복정책연구, 인천발전연구원]의 내용을
수정·보완한 것입니다.

우리는 이런 세상에 산다

근거 없이 희망을 이야기하고, 무조건 노력만을 부추기는 것은 정치적 선동이다. 어차피 극소수만이 돈을 벌고 1등은 한 사람밖에 없는 구조를 모른 척하고 개인의 노력만을 내세우는 것은 야비하다. 하나 마나 한 게임 판을 벌여 놓고 다수가 절망하고 포기하는 형상을 즐기는 것은 인간으로 할 짓이 못 된다.

국민을 마음 편하게 살도록 해달라고 세금을 거두어 준 정부는 어떠한가. 우리가 낸 세금이 우리를 더 좌절시키고 불행하게 하는 데 쓰이는 건 아닐까? 국민을 이겨 먹으려 하고 국민의 행복을 깎아 먹는다.

상위 1%는 자신들을 합법적이고 정당한 게임의 승자라고 규정한다. 자신들은 경쟁력과 효율성이 뛰어나기 때문에 돈과 권력을 얻는 것은 당연하다는 거다. 그러니 1%에 끼지 못하는 우리는 패배자이고 탈락자가 된다. 1% 중에서 양심에 거리낌이 없고 편법이 없이 그 자리에 앉은 사람이 극소수라는 것은 세상이 다 안다. 그 자리는 다른 사람을 불행하게 한 실적을 증명하는 것과 얼마나 다를까. 이건 한국만의 현상은 아니고 인간세상이 가진 속성이라고 할 수 있다. 설혹 의도하지 않았어도 결과적으로 남에게 피해를 주는 것이 세상살이가 가진 복잡성이다. 단지 한국의 특색이라면 1%가 99%를 생각하는 마음과 실천이 참 각박하다는 거다.

한국사회는 조선시대에 사라진 계급제도가 부활하면서 돈, 권력, 학벌이 세습될 수 있는 판이 착착 짜이고 있다. 그 첫 번째 단추는 1990년대 말 외환위기 때 노골적이고 당당하게 끼워졌다. 대한민국을 살린다는 대의명분을 내세워 소위 경쟁력 없는 30%를 사회적으로 거세한 것이다. 내쳐진 30%가 알아서 연명하고 있으면 70%가 대한민국을 살려내고, 그다음에 죽어가는 30%를 다시 거두어줄 것이라며 물러서라고 했다. 사회적 합의였고 단일민족을 내세우는 민족적 의리일 것이라 기대했다. 하지만 피보다 돈이 진했나, 처음 벌어진 계층의 틈에는 점점 더 굵직한 쐐기가 박히고 있다.

한국은 비교적 소득이 골고루 분배되어 있던 사회였다. 하지만 1990년대 중반부터 소득이 양극화될 조짐을 보이다가 IMF 외환위기를 만나 들불처럼 번져 버린 것이다. 시장주의와 경쟁논리에서 그렇지 않아도 힘들어 하던 30%가 첫 번째 희생자가 되었다. IMF로 대표되는 신자유주의 세계자본의 압력을 거부하지 못한 대한민국 정부가 하위 30%를 성장의 수혜계층 명단에서 삭제한 것이다. 이렇게 살아남은 70%에서 또다시 절반 이상은 밑으로 떨어지게 되었다. 중산층의 추락이다.

한국 사회에서 성공의 제일 조건으로 개인의 능력은 점차 힘을 잃어가고 있다. 한국에서 성공하려면 명문대를 가는 것이 절대적으로 필요하다. 가난한 집에서 명문대를 가는 것은 점점 더 힘들어진다. 대학을 가서도 돈이 없다면 기가 죽을 수밖에 없다. 학교가 돈으로 올라가는 계단이 된다는 게 여전히 틀린 말은 아니지만, 이게 다는 아니다. 회사 합격이 입사시험 성적순이 아닌 것이 요새 현실이다. 대학을 졸업하고 그럴싸한 곳에 취직하려면 영어나 학점 같은 스펙만 가지고 안 된다는 거다. 연줄이 있어야 하는 게 현실이다.

세계적인 경제 불황이 있어도 국가단위의 사회갈등 처리능력에 따라 경제 악재가 국가에 미치는 영향이 달라진다. 요새 같은 세계적 경제 불황에서 살아남는 방법은 결국 사람이다. 경제가 잘 돌아갈 때는 돈을 가지고 사회문제, 사람의 관계를 풀어낼 수 있다. 하지만 돈이 궁한 지금에도 돈으로 모든 것을 해결하려고 하는 것 자체가 어리석은 짓이 아닌가. 돈이 적을수록 사람과의 관계가 중요해지는 법이다. 부족한 돈의 역할을 마음을 나누어 보충하는 것, 물질적 궁핍을 이겨내는 삶의 지혜이다. 지금 한국 사회에 절실히 필요한 것은 경제를 살리겠다는 정치가나 경제 전문가가 아니라 돈에 빠진 우리의 마음을 탁하니 깨줄 수 있는 사상가일 것이다.

사람들을 오순도순 엮어서 잘 먹고 잘살게 하는 것이 정치와 행정의 본령이다. 그 일을 하라고 국민은 껌 한 통 살 때도 10%의 부가가치세를 낸다. 이렇게 껌 값의 껌 값까지 긁어모아 운영되는 것이 국가기관이다. 하지만 정치와 행정을 보노라면 월급은 국민에게 받고 봉사는 옆구리 돈을 찔러주는 사람들을 우선시한다는 감을 지울 수 없다.

경제불황에 따른 저성장이 전 세계를 대상으로 상당기간 지속될 것이라는 전망이 우세하다. 한국도 예외가 아니다. 한국 사회는 수십 년 동안 고도성장을 전제로 하여 소비, 개발, 예산을 집행하여 왔다. 1990년대 말의 외환위기, 2000년대 말의 국제금융위기도 잠시 스쳐지나가는 이상 현상으로 간주해왔다. 순간순간의 위기를 넘기기 위하여 단기적 효과에 치중하는 데 주력해 왔다.

그러는 과정에서 한국 사회는 점점 양극화의 구조가 굳어져 갔다. 국내총생산이 늘어나더라도 소득이 줄어드는 국민의 수는 늘어갔다. 안정적인 노후를 장담하는 사람은 손에 꼽을 정도로, 앞날에 대한 불안감이 한국 사회를 휘감고 있다. 청년실업, 비정규직 문제는 새삼 들추어내는 것조차 진부하다. 이런 사회분위기에서 가진 사람도, 정규직도 마음이 편할 리 없다. 대한민국은 불행해지고 있다.

이제 정치권은 갈림길에 서 있다. 그동안 경제성장을 내세우며 국민을 설득하고, 지지를 끌어내고, 희망을 주곤 하였다. 이러한 방식이 계속적으로 효과가 있을 것이라고 생각하는 사람들은 급속도로 줄어들고 있다. 정치권은 국민에게 어떤 희망과 삶의 즐거움을 줄 수 있을까. 돈이 아니라면 무엇을 내보일 수 있을까. 돈을 벌 가능성이 점점 희박해진다는 사실을 받아들여야 하는 국민은 정치권에 무엇을 요구할 것인가. 잘살게 해주겠다는 공약과 표를 거래하던 정치시장은 어떻게 바뀌어야 할까?

경제성장의 논리를 벗어나지 않는 한, 대안에 대한 사회적 설득력에 자신이 없는 한, 정치권은 저성장을 인정하는 발언을 하기 어려울 것이다. 저성장을 인정하는 것은 성장을 바라는 국민의 열망을 저버리는 바보짓이라는 것을 정치권은 알고 있는 것이다.

물론, 저성장이 지속된다는 보장은 100% 확실하지 않다. 하지만 한국의 경우 성장구조가 변화를 겪고 있다는 주장은 상당히 설득력이 있다. 인구가 감소하고 고령화가 심화되면 생산력이 낮아지고 복지비용이 증가할 것이다. 게다가 비정규직이 증가하고 소득 양극화로 사회적 배제가 심해지면 사회갈등이 높아지게 된다. 사회적 자본이 급격히 떨어지고 물질 성장에 대한 만족도가 낮아진다. 앞으로는 지속가능한 관점에서 사회에 대한 진단과 처방이 필요할 것이다.

돈 대신 행복을 매개로 하는 새로운 판이 벌어져야 한다는 것이 이 책에서 전제로 하는 미래에 대한 전망이다. 세상이 바뀌고 있다면 시장도 거래품목도 거래방식도 다시 짜야 하지 않을까. 시민을 주체가 아닌 소비자로 보는 공급자식 행정에서 정책을 제안·수립·수행·평가하는데 시민이 중심이 되는 방식으로 행정과 정책이 전환되어야 할 것이다. 이러한 관계가 결여된 행복정책은 결국 일부만의 행복이 될 것이다. 행복의 양극화를 피할 수 없을 것이다.

이 책은 저성장시대, 99% 대 1%로 갈라진 이 사회에서 행복을 찾으려는 고민을 풀어나가려고 한다. 자식등수, 아파트, 자가용, 돈, 명품이 결국 인간의 행복을 위한 것이라면 인간에 대한 이해가 먼저 있어야 하겠다. 동양과 서양, 사회학, 철학, 경제학, 심리학에 나타난 인간의 욕망을 먼저 살펴본다. 다음에는 물질에 대한 욕망, 명품에 대한 욕망, 남보다 잘나 보이려는 욕망을 한국의 사회상을 매개로 짚어본다. 이어 행복에 대한 기본적인 성격을 같이 생각해 보고 개인의 행복찾기에서 국가의 역할을 행복정책의 맥락에서 차근차근 따져보고 나서, 행복정책에 대한 국제적인 조류를 훑어볼 예정이다. 행복정책에 대하여 행복인프라, 부의 사회적 선순환, 공공가치라는 방향을 제시하면서 관련된 정책을 제안한다. 마지막으로 국민이 대한민국 시민권에 대한 개념을 인지하고 지나친 경제논리 중심의 사회를 바꾸는 새로운 사회계약을 짜는 것이 함께하는 행복, 주체적인 행복, 지속가능한 행복으로 갈 수 있는 길임을 강조하면서 글을 마치고자 한다.

조승헌

제1장

욕망, 그것을 알아야 한다

제1절 욕망, 무엇이기에

인간은 욕망하기에 존재한다. 인간은 자신을 마음대로 하지 못하는, 정확히 말하면 이성(理性)에 따라 행동하지 못하는 나약한 존재임을 확인하는 순간 자신이 신과 달리 완벽하지 못하다는 것을 확인하게 된다.[1] 욕망으로부터 자신을 지켜내기 위하여 먼저 할 일은 욕망을 아는 것이다. 욕망을 채우려고 하는 것은 갈증을 바닷물로 해결하려 하는 것과 다르지 않다. 돈, 소비, 권력, 인정을 통하여 만족을 얻고 삶의 가치를 확인하려고 하는 욕망의 구조에 대하여 간단히 짚어보자.

1. 물질주의는 불행의 자양분

소비, 돈, 권력, 남들로부터의 인정, 명예 등등을 욕망하는 것은 인간의 본능일 수도 있다.[2] 우리는 인간 본연의 가치보다 외부적인 것을 통한 자기 존재의 의미를 확인하려는 풍조를 바람직하게 여기는 시대에 살고 있다고 할 수 있다. 여기서 외부적인 것은 때로 물질로

---

1) 이런 맥락에서 '도덕적으로 완벽하다'는 말은 자신이 신과 동등하다는 오만의 극치라고 할 수 있다. 내가 하늘이고 신이라는 선언과 다름이 없다.

2) 이에 대한 주장과 논리는 역사가 깊다. 성선설, 성악설, 유전자적 접근, 가상 실험을 통한 분석 등 다양하고 논쟁적이다.

표현되기도 한다. 몰입(flow)을 중심개념으로 하는 행복이론의 대부인 칙센트미하이는 물질주의(materialism)를 물질적인 것을 소유하고 소비하거나 그런 물건을 가지고 있는 것을 과시하고자 하는 목표에 지나치게 관심을 보이는 경향으로 정의하고 있다(Csikszentmihalyi, 2005). 여기에서 '지나치게'라는 것은 현실적 여건에서 목표를 이룰 수 있는 가능성을 판단 기준으로 삼고 있다. 물질은 살아가는 데 필요한 요소이지만 일정 정도 선을 넘어 물질을 추구하면 사회적이고 인간적인 관계를 해치고, 심신의 발달에 부정적 영향을 줄 수 있음을 유념해야 한다고 주장한다. 정신적 에너지가 물질 소유로부터 파생되는 부, 지위, 권력에 휘둘리게 되면 물질이 삶에 대한 평가와 의미에서 중심이 된다. 이런 것을 그는 물질가치형 인간이라고 규정한다.[3]

신의 존재 가치, 상황대처 능력, 불확실한 세계 때문에 걱정이 될 경우 이를 만회하기 위하여 사람들이 보이는 전형적인 현상이 물질주의 지향이다. 사회적 인정을 바라지만 별다른 수단이 없을 때 연봉이나 값비싼 물건이 이러한 난관을 해결하는 데 가치가 크다고 생각한다(Kasser et al., 2005).

물질가치에 편중되는 가치관은 두 가지 경로를 통하여 형성된다. 첫 번째 경로는 삶에 대하여 불안을 경험하는 것이다. 두 번째는 물질가치를 권장하는 사회풍토 때문이다. 인간은 자율성, 능력, 관계 (Ryan and Deci, 2000), 안전(Maslow, 1954)이 침해를 받거나 발현할 수 있는 기회가 차단되면 불안해지는 경향이 있다(Kasser et al., 2005).

불안을 경험하는 것이 물질주의 성향으로 발전하는 경로에 대하여

---

3) 칙센트미하이는 행복(몰입)을 위하여 물질자체를 부정하는 것이 아니라 물질에 대한 지나친 욕망을 경계하고 있다.

살펴보자. 가족이 주요한 변수라는 연구가 있다. 청소년들이 금전적 성공에 집착하는 원인에는 부모의 역할이 중요하다(Kasser, Ryan, Zax, and Sameroff, 1995). 어머니가 자식에게 긍정적인 표현보다 부정적 표현을 많이 하거나, 부모가 자식에게 온정과 민주적인 태도가 부족하고 자녀에 대한 통제를 심하게 하면 자녀가 물질주의 성향이 높아진다는 것이다. 이 밖에도 부모와 자식 사이의 대화가 적고(Moore and Mochis, 1981), 자녀에 대한 간섭이 지나치고, 자녀에게 너무 엄하거나 느슨하게 하는 것(Cohen and Cohen, 1996), 자녀가 느끼기에 부모가 자율성을 보장해 주는 것이 모자란다고 판단할 경우(Williams, Cox, Hedberg, and Deci, 2000), 자녀들이 물질중심적 가치관을 가질 가능성이 커진다고 한다. 부모들의 이혼도 자녀들도 하여금 물질주의 가치관을 형성시키는 데 중요하게 작용한다(Kasser et al., 2005). 자녀들이 원하는 심리적 요건이 결핍될 가능성이 커지기 때문이다. 부모가 이혼을 하면 자녀들은 안정적인 생활이 위협받고 적대적 환경에 노출될 가능성이 높으며, 부모로부터 애정을 받을 수 있는 기회가 줄어들 것에 대한 염려가 늘어나기 때문이다.

자녀가 물질주의적 성향을 가지게 되는 요인에는 가족관계뿐만 아니라 문화·정치·경제도 중요한 역할을 한다. 특히 물질주의 가치관의 강도가 심한 청소년들은 부모나 지역사회의 사회경제적 여건과 밀접한 연관성이 있음을 알 수 있다(Cohen and Cohen, 1996; Kasser, Ryan, Zax, and Sameroff, 1995). 가난한 국가는 부유한 국가에 비하여 물질주의 성향이 높은 것으로 나타났다(Abramson and Inglehart, 1995). 경제적 불황기에 자란 청소년이 호황기를 경험한 청소년보다 물질주의 성향이 높았다.[4] 경제침체는 국민으로 하여금 물질주의 성향을 증가시킨다. 경제가 어려워지면 상대적 박탈감과 불안함이 증폭되어 사람들은 이를 만회하기 위하여 물질주의 지향성을 키우게 된다. 하지만 가난한 것 자체가 곧바로 물질주의 지향으로 연계된다고 보기는 어렵다. 물질주의를 부추기는 사회풍조가 작동하는 것이 필요하다.

인간은 사회적 환경의 영향으로부터 자유롭지 못하다. 인간은 근본적으로 자신이 처한 사회 풍조, 가족들의 가치관과 행동 방식을 내재화(internalization)하려는 경향이 있다(Ryan and Connell, 1989). 실증분석에 따르면 아이들은 비물질가치보다 물질가치에 더욱 끌린다고 한다. 부모들이 돈에 집착하면 아이들도 닮는다고 한다(Kasser et al., 1995).

미디어가 물질주의에 미치는 영향은 너무나 엄청나다. 텔레비전을 보는 시간량과 물질주의 강도는 연령을 불문하고 비례한다.[5] 고급스럽고 뛰어난 외모를 내세우는 상업용 광고는 우리를 상대적으로 열등하고 불안하게 함으로써 보상책으로 상품을 구매하게 한다.[6] 물질주의 성향이 높은 사람일수록 사회적 비교에 민감하며(Sirgy, 1998), 비교의 대상을 자신보다 부유한 사람으로 하는 경향이 많다(Richins, 1992).

물질주의 성향이 높은 사회일수록 공동체 의식과 시민의식이 낮다

---

4) 초등학교 학생들까지 아파트 평수와 부모의 유산에 관심이 높은 것은 살아온 내력의 영향이 클 수도 있다. 학생들 대부분이 1990년대 말 이후 출생하였다. 1990년대 말의 외환위기, 카드대란, 국제금융위기까지 이들이 살아온 시기는 한국뿐만 아니라 전 세계적인 경제위기의 연속이었기 때문에 이러한 환경과 여건(부모, 어른들이 돈에 휘둘리는 모습들)이 이들의 가치관과 인식에 스며들었을 가능성이 높다. 더불어, 향후 10년 정도 경제는 회복될 가능성이 낮아 보인다. 이런 경제적 여건이 존속되고, 이에 대한 특별한 완화책이 없을 경우 지금 청소년들이 성인이 되면 물질주의 성향이 강고해지고 이것이 사회전반의 내용을 규정할 가능성이 높아지게 될 것이다.

5) 물질주의 성향이 텔레비전 시청으로 연결될 수 있다는 주장도 가능할 수 있다. 물질주의 성향을 가진 사람은 자신의 가치관이 텔레비전을 통하여 입증되는 것을 원할 수 있다. 더불어 자신이 겪고 있는 불안을 떨쳐 버리기 위하여 텔레비전에 의존할 수 있다(Kasser, T. & Kanner, A. D.(Eds). 2005).

6) 명품 패션, 주택, 자동차 광고에 성공한 유명인이나 배우들을 등장시키는 것은 사람들을 상대적으로 열등하게 만들어 광고하는 상품을 구입하게 하려는 것이다. 상품소비가 곧 선망의 대상이 될 수 있다는 의식을 소비자에게 심어주려는 것이 광고가 노리는 전술이다.

(Cohen and Cohen, 1996; Kasser and Ryan, 1993, 1996, 2001; Schwartz, 1996). 사회적 협력이 낮고 경쟁하는 풍조는 높으며(Sheldon and McGregor, 2000; Sheldon et al., 2000), 자신의 이익을 위하여 남을 이용하는 경향이 높다(McHoskey, 1999). 물질주의 성향은 환경보전과도 대립한다(Abramson and Inglehart, 1995; Schwartz, 1996). 물질주의자는 환경에 대하여 부정적이고 환경친화적 행위를 적게 하는 것으로 분석되었다(Richins and Dawson, 1992; Saunders and Munro, 2000).

2. 욕망의 삼각형에 빠진 낭만적 거짓

물질주의에 빠질수록 들어가는 비용은 늘어나지만 만족도는 낮아진다. 물질주의 소비는 대부분 자신이 진정으로 원하는 것이 아니고, 타자를 모방하는 비자발적 소비이다. 남의 취향에 맞춘 소비는 얼마 못 가서 만족도가 시들어지기 마련이다. 이런 구조를 명쾌하게 설명한 사람이 프랑스 출신의 인문학자 르네 지라르(René Girard)이다. 모방이론(mimetic theory)에 근거한 '욕망의 삼각형' 이론은 모방의 동기를 불러일으킬 가능성이 많은 위치재와 방어재[7) 소비의 악순환 과정을 설명하는 데 특히 적합하다.

일반적으로 인간은 자신이 하고 싶은 것(욕망)을 자발적으로 판단하는 합리적 존재로 간주된다.[8) 예를 들어, 명품[9) 핸드백을 사는 소

---

7) 위치재(positional goods)는 재화나 서비스의 품질에서 얻을 수 있는 사용가치는 상대적으로 경시하고 차별적 우월성을 확보하여 사회적 지위(social position)를 얻을 목적으로 소비하는 재화를 말한다. 사회적 체면을 잃지 않기 위하여 위치재 소비를 따라하는 것이 방어재(defensive goods) 소비이다.

8) 소비에 따른 효용(만족도)은 주관적이기 때문에 개인의 판단에 근거해야 한다는 것이 경제학에서 말하는 현시선호이론(revealed preference theory)이다. 즉 개인의 행위가 그 행위에 대한 만족도를 평가하는 최적의 정보가 된다는 것이다.

비자는 핸드백이라는 물건을 원하는 것이지만, 속마음을 들여다보면 소비자와 핸드백 사이에 제3자(중개자)가 매개하고 있다. 예를 들어 소비자는 소비자가 부러워하는 중개자를 모방하려는 욕망으로 핸드백을 사는 것이지 핸드백 자체를 원하는 것이 아니라는 것이다.[10] 소비자는 중개자가 가지고 있는 바로 그 핸드백이거나 비슷한 수준(가격)의 핸드백이 있어야 한다고 생각한다.[11]

지라르에 따르면, 한 개인이 무엇을 욕망한다는 것은 지금의 자신에 대해 만족하지 못하여 자신을 초월하는 이상적 자아가 되고자 하는 것이다. 주체가 초월을 통해 궁극적으로 지향하는 욕망대상을 쿠도스(Kudos)라고 표현했다. 주체, 쿠도스, 중개자가 삼각형의 관계를 보이고 있어 욕망의 삼각형이라는 표현을 붙이는 것이다.

주체(소비자)가 실제로 의식하고 모방하는 것은 경쟁자로 인식되는 매개체(핸드백)이다. 주체가 대상을 욕망하는 이유는 경쟁자가 그것을 욕망하기 때문이다. 이제 관점을 중개자로 옮겨보자. 중개자는 위치재와 방어재라는 복합구도에 처해 있다. 중개자는 중개자 자신이 판단하기에 자신보다 수준이 낮은 사람이 자신을 모방할 경우 차별적 우월성을 위하여 좀 더 가격이 높은 핸드백을 사려고 할 것이다.[12] 이것이 위치재적 구도이다. 두 번째는 방어재적 구도이다. 중개자가

---

9) 명품의 사전적 의미는 '뛰어나거나 이름난 물건이나 작품'을 의미하지만 현실에서는 고가의 해외유명 브랜드로 통용된다. 때로는 고가이면서 사회적 지위를 확보하기 위한 재화와 서비스를 포괄하는 개념으로 쓰이기도 한다. 이 글에서는 명품을 소비하는 주요 목적을 품질보다 차별적 우월성을 얻는 것으로 보고자 한다.

10) 소비의 경우 모방의 대상은 자신보다 소득이 높거나 비슷한 부류가 된다. 이준영·김난도(2007)는 소득에 따른 모방소비를 상세하게 설명하고 있다. 소비자가 특정제품을 소비하면 유사한 급의 제품을 소비하는 소비자 집단과 같아진다는 환상을 갖게 되는 파노플리 효과(effet de panoplie)가 나타나는 것이다. 이 효과는 장 보드리야르(Jean Baudrillard)가 사회학의 입장에서, 명품이 현대사회를 다시 계급사회로 나누고 있다며 비판하는 시각으로 쓴 말로 panoplie는 '같은 맥락의 의미를 가진 상품 집단'을 뜻한다.

11) 이 경우 핸드백 구매는 중개자를 따라한다는 면에서 방어재 소비라고 할 수 있다.

12) 사회적 위치를 선점하기 위한 소비라는 점에서 위치재 소비라고 할 수 있다.

자신이 부러워하는 대상을 의식하여 이전보다 고가의 핸드백을 살 경우이다. 이렇게 위치재와 방어재는 가격을 주도하는 주체에 따라 섞여 있기 때문에 자동적으로 경쟁과 갈등의 순환과정에 빠지게 된다. 핸드백 가격은 올라가도 소비는 줄어들지 않는다.

하지만 각각 주체들이 소비하는 핸드백은 결국 타인(중개자와 자신이 부러워하는 모방의 대상)의 욕망을 매개로 한다는 점에서 욕망은 언제나 타자의 욕망이 되는 것이다. 자신의 욕망이 '모방된 욕망'이 아니라 자발적이고 독자적인 욕망이라고 애써 주장하는 경우를 지라르는 '낭만적 거짓'이라 한다. 욕망은 개인적 차원에서 발생하는 문제이지만, 그 성격은 타자지향적이다. 소비와 소유의 만족감이 극대화되는 것은 타자로부터의 인정을 확인할 때이다.[13] 헤겔이 인간 욕망의 본질을 '승인'으로 본 것도 같은 맥락이다(전경갑, 1999).

3. 물질주의의 본령 경제학

행복은 궁극적으로 개인의 영역이라 할 수 있다. 개인이 가진 기질이나 가치관에 따라 선택하고 평가한다. 행복에서 개인의 자율권을 보장받는 것은 중요하다. 국가나 사회가 특정 유형의 행복을 강요하는 것은 적절하지 못하다.[14] 정치 체제, 경제력, 종교와 상관없이 인

---

13) 다음 기사는 인정욕구가 현실에서 나타나는 모습을 보여준다: 우리 아기가 얼마나 똑똑하고, 남편이 한 달에 얼마를 벌고, 시댁에서 물려받을 유산은 얼마인지를 구구절절이 설명하는 것보다 일단 명품 가방 하나를 어깨에 메는 것이 다른 학부모들과의 관계에서 우위를 차지하는 가장 빠른 방법이라고 한다(조선일보, 명품가방, 그 치명적 유혹, 2011.8.20).

14) 국가가 강제로 행복유형을 강요하여 부작용이 생긴 대표적 사례가 부탄이다. 정부가 국민의 행복에 도움이 된다는 발상으로 담배 판매, 복장, 야생동물에 대한 일방적인 규제를 한 결과 이에 적응하지 못한 국민이 범법자가 되거나 삶의 질이 손상되는 결과가 나오는 것이다(워싱턴포스트 2011.10.31일자 기사).

권은 인간의 존엄성이라는 맥락에서 인정되고 사회적 보장을 받아야 하듯이, 행복추구도 인간이라는 존재 하나만으로 국민의 권리로 인정받아야 한다.[15) 국민의 행복을 위하여 국가는 의무를 가지고 노력해야 하는 것이다.

행복추구가 인간으로서 인정받고 보호받아야 할 당연한 권리라고 할 경우, 인간에 대한 기본인식이 무엇인지 한 번 짚고 넘어갈 필요가 있다. 경제학은 인간을 어떻게 보고 있는가? 행복맥락에서 경제학은 인간에 대하여 다음과 같은 기본인식을 견지하고 있다.

첫째, 효용은 소비하는 재화와 서비스의 규모에 비례한다.[16) 돈이 많을수록, 소비를 많이 할수록 행복해진다는 것이다.

둘째, 경제행위는 합리성을 추구하는데, 각자가 가지고 있는 선호형태를 근거로 효용을 극대화할 때 합리성이 실현된다는 것이다. 사람마다 독특한 효용공식이 있는데 그것은 자신 말고 아무도 모르며 오직 실제 행동을 보고 알 수 있다는 것이다.[17) A가 10만 원으로 술과 옷 중에서 술을 산 것은 술이 옷보다 자신의 만족을 크게 할 것이라고 판단했기 때문이다. 하지만 만약 A가 B에게도 술을 사라고 하는 것은 잘못되었다는 것이다. A는 B가 가진 주관적 효용을 모르기 때문이다. A의 주관적 효용방식을 B에게 적용하는 것은 논리적으로 모순이 되는 것이다.

---

15) 대한민국 헌법 10조는 이와 관련된 조항이다. 제10조[인간의 존엄성과 기본인권보장]
　　모든 국민은 인간으로서의 존엄과 가치를 가지며, 행복을 추구할 권리를 가진다. 국가는 개인이 가지는 불가침의 기본적 인권을 확인하고 이를 보장할 의무를 진다.

16) 효용은 경제학의 핵심개념이다. 공리주의(Utilitarianism)의 아버지라 일컫는 벤담(Jeremy Bentham)은 효용이 기쁨과 고통의 균형이며 행복으로 연결되는 것으로 정의하였다. 이후 효용은 소비자의 선택에 근거하여 측정되는 좁은 의미로 사용되었다(Little, I.M.D., 2002).

17) 행동에 근거한 효용 판단을 현시선호(revealed preference)라고 한다.

셋째, 개인은 효용극대화를, 기업은 이익극대화를 추구한다. 인간이나 기업이 끊임없이 더 많은 만족과 이익을 위하여 행동한다는 것이다. 각자 이익을 극대화하는 것이 사회와 국가를 위한 합리적인 방식으로 간주된다.

위의 세 가지를 근거로 다음과 같은 논리를 도출할 수 있다. 내가 효용을 극대화하기 위하여 다른 사람의 효용을 직접적으로 고려할 필요성은 없다. 인간이 각자 행복을 구하는 방식은 다양하기 때문에 타인이 간섭할 성질의 것이 아니다. 따라서 행복을 남과 비교하는 것은 무의미하고 불가능하다. 다만 개인의 경우 더 많은 돈을 벌고 소비를 하는 것이 행복을 높이는 데 도움이 된다. 즉 행복찾기는 개인 차원의 문제이며 각자 재화와 서비스를 최대한 많이 확보하는 것이 행복을 높일 수 있는 길이다.

4. 욕망은 계단과 관계라는 사회학

사회학에서 인간의 욕구에 대한 대표적인 이론은 매슬로우의 단계적 욕구추구이론(Maslow's hierarchy of needs)으로(Maslow, 1954), 인간의 욕구는 중요도에 따라 일련의 단계를 형성한다는 것이다. 하나의 욕구가 충족되면 위계상의 다음 단계에 있는 다른 욕구가 나타난다.

1단계는 생리적 욕구로 생존에 필요한 의·식·주가 포함된다. 이 욕구는 가장 기본적이고 본능적이다. 이 욕구가 채워지지 않으면 다음 단계의 욕구는 나타나지 않는다.

2단계는 생존에 필요한 안전에 대한 욕구이다. 생리적 욕구가 충족된 이후에 발생한다. 고용 안정, 건강 보험, 안전하고 건강한 정주 여건에 대한 욕구가 여기에 포함된다.

3단계는 사회적 욕구로서 소속감과 애정에 대한 바람이 중요해진다. 사회적 관계, 종교 모임에 대한 욕구가 나타난다.

4단계는 자존감에 대한 욕구이다. 집단으로부터의 인정욕구, 자신에 대한 가치를 존중받고 싶어 하며, 자신의 행위에 대한 사회적 인증을 통하여 성취감을 확인하려는 욕구가 발현된다.

5단계는 자아실현욕구이다. 자기 발전을 통한 성장 및 잠재력 극대화를 통하여 자아를 실현하고자 하는 욕구를 중요하게 여긴다. 자기계발을 통하여 자신의 잠재력을 최대한으로 발휘하는 데 초점을 둔 욕구이다. 다른 욕구와는 달리 욕구가 충족될수록 더욱 증대되는 경향을 보여 '성장욕구'라고 하기도 한다. 알고 이해하려는 인지적 욕구, 심미적 욕구 등이 여기에 포함된다.

사회학 이론에서 눈여겨 볼만한 것으로 나에 대한 규정이 있다. 나의 가치, 신분, 만족도가 자신이 가진 절대적인 조건이 아닌 사회적인 관계와 비교 속에서 규정된다는 것이다. 프랑스의 정신분석학자 자크라캉(Jacques-Marie-Émile Lacan)에 따르면, 인간의 자아의식은 독자적 명상에서 형성되는 것이 아니라 자신을 비춰볼 수 있는 타인이라는 거울을 통하여 비로소 형성된다(김현진, 1999). 자아를 거울 속에 비친 타인의 존재에서 찾기 때문에 주체의 욕망은 타자에 의존한다. 따라서 타자에 의해 규정된 삶을 욕망하게 된다.[18]

---

18) 이것이 라캉의 거울단계이론이다.

5. 욕망이론의 난장 제자백가

춘추전국시대의 제자백가 사상은 국가주의에서 아나키즘까지, 실재론에서 유명론까지, 인간이 사유할 수 있는 모든 가능성을 시도했다고 할 수 있다(강신주, 2011).[19] 장자(莊子)는 행복의 기본단위인 개인의 자아를 강조하고 있다. 장자는 자아가 실체적이거나 고정적이 아니고 끊임없이 변화하기 때문에 실체로서의 나, 고정불변한 나를 전제로 하여 욕망을 쫓는 것이 허무함을 설파하고 있다.[20] '나'란 별도의 실체로 존재하는 것이 아니라 관계 속에서 생성된다고 하여 다음과 같이 말한다.

> 피(彼)가 없으면 아(我)가 없고, 아가 없으면 (대상으로) 취할 것이
> 없다.[21]

장자는 개인이 가진 다양성, 행복의 다면성을 인정하고 있다. 각 개별자가 자신의 자리에서 세계를 이해하고 관점을 갖는 것은 불가피하며, 각각 관점과 시각이 다른 것 자체는 문제가 되지 않는다는 것이 장자의 관점이다. 장자가 염려하는 것은 개별자의 성심[22]을 타자에게 적용하려 하거나, 그것으로 타자를 판단하거나 강제하는 것이다. 이렇

---

19) 독일의 철학자 칼 야스퍼스(Karl Jespers)는 노자, 공자, 붓다 등이 활동했던 기원전 7~5세기를 '새벽과 같은 인류의 기축(基軸)시대'라고 불렀다(김형효, 2004).

20) 진고응은 '노장신론'에서 이렇게 말하고 있다(진고응, 2001. 정용선에서 재인용). [장자]라는 책이 사람들에게 준 중대한 수확 가운데 하나는 자아 중심을 타파하는 것이다. … [장자]라는 한 권의 책은 확실히 사람들의 사상적인 시야를 넓혀 주고 사람들의 사유[心靈]공간을 열어주며, 사람들의 사상적인 인식이나 정신적인 내용으로 하여금 하나의 새로운 경지에 도달하게 한다.

21) [莊子集釋], [齊物論], 55쪽. 無彼無我 非我無所取

22) 장자의 논의에서 성심(成心)은 문제 상황의 출발점이고, 허심(虛心)은 문제가 해소된 지점의 상태이다. 장자의 문제의식은 성심에서 시작하여 허심으로 귀결된다.

게 되면 개별자들이 가진 성심들끼리 갈등과 긴장이 생긴다. 나아가 특정 성심을 진리라고 간주하여, 그것을 보편화하려는 욕망을 가지는 것이 심각한 문제라는 것이다(정용선, 177쪽). 아무리 훌륭하거나 완전해 보이는 것도 '자기의 생각'을 기준으로 하여 '타자의 생각'을 자기와 같게 만드는 것은 불가능하다는 것이다(정용선, 185쪽).[23]

장자는 우리가 안고 있는 문제에 대해 해답을 주는 것이 아니라 우리가 인식하고 있는 문제가 본래 문제가 될 만한 것이 아니었다는 사실을 지적한다. 그래서 문제가 되지 않는 것들에 대한 '문제 삼는 태도'를 문제 삼으면서 우리가 문제라고 생각하고 있는 문제를 해소하고자 하는 것이다(정용선, 26쪽).

장자가 생각하는 행복한 세상은 '온갖 차별적인 개별자들이 그 고유의 특성[各得其宜]을 잃지 않으면서도 동시에 연속적인 세계의 조화[一]에도 어긋나지 않는 상태'라고 할 수 있다. 이를 위하여 세상을 있는 그대로 보는 허심을 열어나가는 것이 요구되며, 허심에 이르기 위하여 마음과 세계에 대한 이분법적인 인식구조를 해체하는 것이다.

당시의 욕망에 대한 대표적인 주장으로 송견(宋鈃)과 노자(老子)를 들 수 있다. 송견은 과욕(寡欲) 개념이 욕망을 이해하는 핵심이라고 한다. 근본적으로 인간은 많은 것을 바라는 것(欲多)이 아니라 적은 것을 바란다(欲寡)는 것이다. 현실에서 나타나는 많은 것에 대한 욕망은 착오라는 것이다. 인간이 현실에서 추구하는 욕망의 본질은 인간 본연의 바람이 아닌 사회적으로 조장된 허구임을 강조하고 있다. 노

---

23) 피차를 나누고 시비를 가르는 것은 궁극적으로 상대를 자기 생각대로 바로잡거나[相正], 상대에게 자기 생각을 이해시키거나 혹은 강요[相明]하려는 것인데, 이것은 궁극적으로 불가능하다는 것이다. 장자는 이런 과정을 '명지(明之) 불가능'이라고 하는데, 장자적 시각에서 '명지'할 대상이 실체로 존재해야 하지만 실상이 그렇지 않기 때문에 '명지'가 원천적으로 불가능하다는 것이다.

자는 무욕(無欲)·거욕(去欲)을 주장하며 욕망을 제거해야 할 대상으로 보았다(김철운, 2003). 욕망은 인간의 자연스러움을 회복하는 데 방해가 되는 것으로 인간의 인위성을 보여주는 대표적인 걸림돌로 보았던 것이다.

노자는 반욕망의 철학자로 이해되기도 한다. 하지만 이것은 노자의 속뜻을 이해하지 못하는 것이라는 지적이 있다. 노자는 '본능적 욕망'을 '욕심', '본성적 욕망'을 '무욕'이라 하였다. 현실에서 문제가 되는 것은 본능적 욕망이다. 이것은 지칠 줄 모르는 욕망이기 때문에 무한경쟁을 피할 수 없다는 것이다. 이러한 욕망에 빠져 있는 한 인간은 불행해질 수밖에 없는 것이다. 노자가 무욕의 도를 강조한 것은 '본능의 자연적 욕망으로서의 욕심'을 '본성의 자연적 욕망으로서의 차연(差延)으로 회심시키기 위한 목적이라는 것이다(김형효, 2004).

양주(楊朱)는 중국 전국시대 초기의 사상가로 노자, 장자와 함께 도가 철학을 대표하는 인물이다. 양주는 사회나 국가보다 개인, 자신을 세상의 중심에 두었다. 나를 소중하게 하고 기쁘게 하는 것을 강조하여 위아주의(爲我主義)라고 불린다.

양주는 인간의 존재의미를 욕망의 관점에서 접근하였다(신동준, 2009).[24] 위아주의는 기본적으로 모든 인간은 개인의 욕망을 바탕으로 이익을 추구하고 있다는 사실에 주목하고 있다. 자아중심적인 욕망의 추구를 통하여 참된 인간의 존재를 발견하려 한 것이다. 모두가 자신의 이익과 욕망을 자연스럽게 추구하여 만족을 얻을 수 있다면 세상은 자연히 평화롭고 행복하게 될 것이라는 믿음이 확고하다. 그

---

24) 이것은 유가에서 인의(仁義) 등의 추상적인 덕목을 내세워 인간을 평가하거나, 사회적 맥락에서 접근한 묵자의 겸애주의(兼愛主義)와 대조된다(신동준, 2009).

는 인간의 자연스러운 정욕을 긍정하며 이를 적극적으로 발산하는 사정(肆情)의 필요성을 강조하였다.

양주를 극단적인 이기주의나 퇴폐적인 향락주의로 모는 것은 해석의 오류라는 지적이 있다.[25] 그의 사상에서 주목할 것은 '외물을 가벼이 보고 개인의 삶을 소중히 해야 한다'는 주장이다. 세속적인 명리(名利)를 위하여 몸을 고생스럽게 만들고 마음을 불태우는 것은 부질없는 것으로 현실에서 얻을 수 있는 즐거움을 찾아 나설 것을 주문했다.[26]

양주는 실현가능한 주체적 행복찾기를 노력하는 것이 삶의 지혜임을 강조하고 있다. 물질주의를 추구하는 것은 몸과 마음을 피곤하게 하면서 만족도도 떨어지기 때문에 자신에게 맞는 행복을 규정하고 이를 실현하자는 논리라고 하겠다. 양주는 자신을 삶의 목적이자 세상의 중심에 두고자 하였다. 그런 사람들이 모여서 자발적으로 이루어지는 공동체를 희원했다.[27]

순자(荀子)는 맹자의 성선설에 대비되는 성악설로 널리 알려져 있다. 하지만 성악설을 성선설과 동일한 맥락에서 접근하는 것은 오류라는 지적이 있다. 성악설은 인간에 대한 근원적인 인식보다는 당시의 현실

---

25) 이것은 양주를 거론할 때 인용되는 '세상을 구할 수 있다고 해도 나는 털을 뽑지 않겠다'는 뜻으로 극단적인 이기주의로 비판받는 '일모불발(一毛不拔)'에 대한 해석에 대한 논쟁이라 할 수 있다. 그러나 '사회가 공공의 이익이라는 명목으로 개인의 희생을 강요할 수 없다'는 것으로 '개인의 희생 없이도 잘 다스려지는 사회'가 바로 양주가 갈구하는 세계로, 이는 도가 사상의 핵심인 '다스림이 없는 다스림', 즉 무위(無爲)사상으로 이어지게 된다는 게 본뜻이라는 주장이 있다(중국 샤먼(廈門)대 이중텐(易中天 · 역중천) 교수의 설명): http://article.joinsmsn.com/news/article/article.asp?total_id=4895254&cloc=olink|article|default. 더불어, 일모불발에 대한 양주의 기본 입장은 '세상은 원래 터럭 하나로 구제할 수 있는 게 아니다'인 것이다. 터럭이 세상을 구한다는 전제로 자신의 터럭하나와 세상구제를 비교한 것이 논리적으로 오류인 것이다(신동선, 2009).

26) 양주의 주장이다: "일시적인 훼예(毀譽: 폄훼와 칭예)에 얽매여 초고신형(焦苦神形: 정신과 몸을 초조하게 하고 괴롭힘)하면서 수백 년 동안 남겨질 명예를 추구한다면 그 명예가 어찌 고골(枯骨)이나 윤택게 할 수 있겠는가. 그리 사는 것이 무슨 의미가 있겠는가."

27) 자신을 중심에 두어야 한다는 주장을, 군주를 부정하는 아나키즘으로 비난한 것이 맹자이다.

상황에 대한 철저한 비판의식의 발로였기 때문이라는 것이다. 당시는 전국(戰國)시대였다.[28] 지배계층의 물질과 권력에 대한 욕망이 극에 달하여 전쟁이 끊이지 않던 시대였다. '인간의 본성이 선하다면 인간은 어떠한 이유에서 자신만의 이익을 추구하여 사회의 혼란을 조성하는가', '그 태어나면서 가지고 있는 자연 본성을 이 세상에 어떻게 적용시켜 나갈 것인가'에 대한 구체적인 질문이었다는 것이다. 그 당시에 위정자들의 지나친 물질과 권력 추구의 결과로, 백성이 패권을 차지하려는 지배계층의 수단으로 전락한 현실을 타개할 방안을 모색하는 상황적 맥락에 유의하여야 한다는 것이다(김철운, 2003).

순자는 욕망을 인간의 본성으로 간주하였다. 욕망은 타고나는 것으로[29] 욕망은 기다리지 않고도 얻을 수 있고, 자연에서 받은 것이라고 주장했다. 문제는 욕망은 무한한데 현실은 그 무한한 욕망을 채워줄 수 없다는 것이다. 따라서 이런 인간의 성정을 따르면 반드시 쟁탈하게 되는 것이다.[30]

욕망에 대한 만족을 결정하는 과정에는 마음이 작용한다. "욕망이 지나치는데도 행동이 거기까지 미치지 않는 것은 마음이 그것을 제지하는 것이다. …… 욕망은 미치지 않는데도 행동이 그 이상이 되는 것은 마음이 그것을 시킨 것이다"[31] 마음먹기에 따라 욕망은 제외될 수도 증폭될 수도 있다는 것이다.

순자는 욕망을 전적으로 배제하는 것은 현실적으로 가능하지 않기

---

28) 전국시대는 B.C. 481년에서부터 진시황이 천하를 통일한 B.C. 221년까지이다. 이전의 춘추시대가 170여 개의 제후국이 패권을 다툰 시대였다면, 전국시대는 일곱 개의 거대 제후국이 전쟁을 벌였다(강신주, 2011).

29) 〈禮論篇〉, 人生而有欲

30) 〈性惡篇〉, 然則從人之性, 順人之情, 必出於爭奪

31) 〈正名篇〉, 故欲過之而動不及, 心止之也, 心之所可中理, 則欲雖多, 奚傷於治, 欲不及而動過之, 心使之也, 心之所可失理, 則欲雖寡, 奚止於亂

때문에 '제한과 절도'를 강조하며 일정 정도의 욕망을 만족시키는 것이 필요하다고 주장한다. 예(禮)로써 욕망을 절제하고 적당한 정도에서 멈추는 것을 강조한다. 욕망이 생산 발전의 원동력이지만 제어되지 않으면 부의 불균형이 심해지고 사회 갈등이 심해진다는 것을 지적하고 있다.[32] "긴 것을 끊어서 짧은 것을 늘이고, 넉넉한 것을 줄여서 부족한 것을 더하는 것"[33]이 예를 실천하여 욕망을 사회적으로 조율하는 원칙임을 보여주고 있다.

---

32) 순자는 욕망에 대한 조화를 의(義)와 리(利)로 설명하고 있다. 불의한 상태에서 리를 내세우는 것은 의미가 없음을 지적한다. "의가 리를 이기면 치세가 되고, 리가 의를 이기면 난세가 된다. 위(上)가 의를 중시하면 의가 리를 이길 수 있고, 위가 리를 중시하면 리가 의를 이길 수 있다."라고 했다.

33) 〈禮論篇〉, 斷長續短, 損有餘, 益不足

제2절 욕망을 검증하라

인간은 생존에 필요한 기본적인 요소가 이루어지면 욕망 충족을 평가하는 잣대가 나에서, 나와 남의 관계로 이전되는 경향이 있다. 기본적인 생존에 필요한 최소한의 의식주는 사람들에게 일정 정도 공통적인 측면이 강하다. 물리적인 존재로서의 인간이 목숨을 부지하기 위하여 섭취해야 할 칼로리, 잠자리, 입을 거리는 개인 사이에 차이가 크지 않다. 이 단계에서 욕망은 개인과 대상(의식주)의 관계로 초점이 모아진다. 하지만 인간의 심성에는 경쟁, 비교, 우월성이 본능적으로 잠재되어 있다고 할 수 있다. 이 잠재성이 발현되는 필요조건은 생존 필수 요건이 충족되는 것이다. 충분조건은 욕망의 대상이 생존필수 요건을 충족하고 여유가 있어야 하는 것이다. 자신이 절대적으로 힘들면 주위 사람들을 생각하거나 비교할 여유와 겨를이 없다. 우선 자기부터 먹고, 입는 것이 중요해진다. 양이 일정 정도 늘어난 이후에 상대적 우월성 확보가 욕망충족의 잣대로 작동하는 것이다.

남보다 앞서려는 인식은 인류 발전의 중요한 동기가 되기 때문에 긍정적인 면이 분명히 있다. 경쟁이 없는 사회는 정체하고 퇴화할 가능성이 높다. 문제는 경쟁이 심하면 사회적으로 소모적이라는 것이다. 경쟁에도 적절한 수준이 필요하다. 경쟁은 상대성 개념을 기저로 하고 있다. 따라서 경쟁이 잘 수행될 경우 절대적 수준이 올라갈 수 있다. 하지만 상대성 개념에만 국한되는 경쟁은 최적 수준보다 떨어지는 결과가 나올 수 있다.[34] 경쟁이 심해지면 비용이 과다하게 발생할 수 있다.[35]

1. 절대적 비교냐 상대적 비교냐?

이제 한국 사람들이 가지고 있는 절대적 비교와 상대적 비교에 대한 생각의 일면을 알아보기로 하자. 다음과 같은 실험을 하였다<표 1-1>. 실험은 2008, 2009, 2011년에 실시되었다.

〈표 1-1〉 절대적 비교와 상대적 비교 실험

문제 A-1(소득비교):

상황 1: 당신의 연간 소득이 3,000만 원이고 다른 사람이 1,500만 원인 경우
상황 2: 당신의 연간 소득이 5,000만 원이고 다른 사람이 1억 원인 경우

나는 위의 두 가지 중에서 (   )을 더 좋아한다.

문제 A-2(여가비교):

상황 1: 당신의 연간 휴가 일수가 2주일이고 다른 사람이 1주일인 경우
상황 2: 당신의 연간 휴가 일수가 3주일이고 다른 사람이 5주일인 경우

나는 위의 두 가지 중에서 (   )을 더 좋아한다.

---

34) 운동경기에서 선수가 등수에만 신경 쓸 경우 이런 현상이 있을 수 있다. 시장을 독점하고 있는 경우도 기술이나 제품 개발을 소홀히 하고 현재 상태에 안주할 가능성이 높다. 이 경우 기업의 경제활동에 따른 사회적 효용은 사회적 최적치보다 낮게 형성된다.

35) 이것은 정원이나 등수가 정해져 있는 경우이다.

첫 번째 질문을 보자. 상황 1(당신의 연간 소득이 3,000만 원이고 다른 사람이 1,500만 원인 경우)은 상황 2(당신의 연간 소득이 5,000만 원이고 다른 사람이 1억 원인 경우)보다 소득이 절대적으로 작지만 남보다는 많다. 두 번째 여가에 대한 질문도 마찬가지이다. 답의 평균이 1.5보다 크면 상대적 비교보다 절대적 크기를 선호한다는 뜻이다. 1.5보다 작으면 상대적 비교를 더 의식하고 있다고 해석하면 된다. 전 세계적으로 시행된 지금까지의 결과를 보면 대체로 1.5보다 작았다. 상대적 비교에 민감하다는 것이었다.

〈표 1-2〉 절대적 비교와 상대적 비교 실험 결과

상대 비교의 정도				
	표본수	평균값		실험시기	의미
		소득비교	여가비교		
40~50대 남성사무직	37	1.78	1.78	2008 2009	절대비교 우위
30대 주부	30	1.67	1.77		
대학생 전체	82	1.48	1.50		소득은 상대비교 우위
경제과 학부생만	52	1.29	1.47		상대비교 우위
일반 시민	38	1.84	1.81	2011.11	절대비교 우위

한국에 대한 결과를 보면 기성세대에서는 '많은 게 좋다'는 절대비교 성향이 강하게 나타났다<표 1-2>. 어른들은 소득비교의 평균값이 기준인 1.5를 넘는다. 최소 1.67에서 최대 1.84까지 나왔다. 상대적 비교보다 절대적 비교가 강하다는 것은, 답변자들이 기대하는 수준이 절대적으로 부족하다는 것을 암시한다. 설문에 답한 사람들은 대부분 중산층에 속한다.

이 설문결과를 가지고, 한국의 중산층들은 남과의 비교의식이 약하다고 해석하는 것은 신중하지 못하다. 절대비교 의식이 상대비교보다 강하다고 하는 것이 더욱 적절한 해석일 듯하다. 아주 배가 고플 때는 남이 안 보이고 자신의 욕구를 채우기에 급급한 것과 마찬가지이다. 일반적인 경향은 자신이 가진 소득의 크기가 작아도 상대적인 관계를 중요하게 여기고 있다. 하지만 한국의 중산층은 반대의 모습을 띠고 있다. 한국인들이 소득만족도가 낮고 돈에 대한 집착이 강한 이유를 알 듯하다.

대학생들은 대부분 돈을 직접 벌지 않고 부모로부터 받아쓰는 형편이다. 주변 친구들의 돈 씀씀이가 돈에 대한 의식을 규정하는 데 중요한 역할을 한다<표 1-3>. 상대 비교의 개념이 강한 여건에 놓여 있는 것이다. 반면에 기성세대들은 평소 돈과 관련된 비교의 대상이 명확하지 않다. 대학생들이 비교의 대상으로 사람을 중심에 놓는 반면 기성세대는 미디어나 주변에서 접하는 불특정 다수이거나 주택이나 자동차 같은 특정 사안 중심인 경향이 크다. 비교 집단의 수준은 상당히 높기 때문에 돈은 일단 많은 것이 좋은 것이라는 의식에 사로잡힐 가능성이 크다고 하겠다. 대학생들이 비교로 하는 대상은 주변 친구들이고 이들과 자신과의 씀씀이 격차는 기성세대보다 적다고 할 수 있다.

실험 결과를 보면, 경제학을 전공하는 대학생들은 상대비교 경향이 강한 것으로 나타났다. 이러한 실험에서 경제학 전공을 따로 관찰하는 것은 이 학생들이 돈과 관련하여 상대적 비교 성향이 다른 전공 학생보다 두드러진 경향이 있기 때문이다. 경제과 학생들이 물질가치 지향의 정도가 상대적으로 강하다는 일반적 경향을 이번 경우에도 확인한 셈이다.

설문에서는 상대비교에 대한 민감도와 함께 소득과 여가에 대한 값을 비교하려는 의도도 있다. 사람들이 소득보다는 여가에 대한 상대적 비교가 약할 것이라는 가정을 검증하고자 하는 것이었다. 돈, 외모, 사회적 지위 같은 물질가치가 여가, 자기 계발과 같은 비물질가치보다 상대방과의 비교를 많이 한다는 것이다. 경제학과 대학생들과 30대 주부의 경우 이러한 점이 드러난다.

<표 1-3> 돈에 대한 생각은 어떻게 형성되나?

학계에서는 타고난 유전자가 물질가치 선호도에 중요한 역할을 한다고 믿고 있다. 하지만 유전자의 성향을 현실에서 발현시키는 것은 외부적인 영향과 관계가 있다는 주장이 있다. 외부적 요인으로 가장 중요한 것이 유아 시절 부모와의 관계라고 한다. 특히 5세 이하 시절에 어머니의 사랑을 어떻게 받았느냐가 관건이다. 사람은 자기보호본능이 있다. 부모의 애정이 결핍되면 그것을 외적인 것을 통하여 보충하려 한다. 아이들의 폭력, 소유욕, 이기주의는 어찌 보면 자신을 지키려는 정당방어라고 할 수 있다. 아이들을 탓하기 전에 부모가 자식들에 소홀하지 않았는지를 먼저 살펴볼 일이다.

사고방식은 나이가 들수록 굳어진다고 한다. 특히 30세 이상이 되면 웬만한 자극이 없이는 요지부동이다. 경제가 성장해도 돈에 대한 집착이 강하면 삶의 만족도는 낮고 경쟁은 치열해진다. 맞벌이 부부들에게 뜨끔하겠지만 자식은 엄마가 키워야 한다는 옛말이 상기된다. 갓 태어난 자식을 남에게 맡기고 맞벌이를 해야 하는 문제는 나라가 적극적으로 신경을 써주는 것이 좋지 않을까? 육아 정책은 국가와 사회에 대한 신뢰와 만족도를 만드는 기초 작업이라고 할 수 있다. 같은 맥락에서 초중등 경제교육도 신중해야 한다. 청소년들이 돈, 경쟁, 행복, 나눔, 돌봄에 대하여 균형 있는 가치관을 가질 수 있도록 사회가 신경을 써야 한다. 효율성, 시장, 가격, 이윤, 재테크에 치우친 경제교과서는 미래의 성인들로 하여금 지나치게 높은 기대수준을 형성시킬 가능성이 있다.

2. 이익극대화 행위는 진짜인가?

이제 경제학에서 기본적으로 고려된 인간에 대한 전제가 어느 정도 현실적인 설명력이 있는지 따져보기로 하자. 개인이 행복을 위하여 경제적인 의사결정을 할 때 이익극대화 원칙을 어느 정도 반영하는지 알아보기 위하여 최후의 통첩게임(ultimatum game)실험을 수행하였다<표 1-4>.[36] 다음과 같은 질문을 직장인, 주부, 학생 등을 상대로 실시하였다. 실험은 위에서 소개한 실험과 같이 2008, 2009, 2011년에 실시되었다.

〈표 1-4〉 최후의 통첩 게임 설문

문제 B:

누군가 10만 원을 내놓으면서 제안을 합니다. 둘 중 어느 한 쪽이 10만 원에 대한 배분권한을 가집니다. 만약 둘 중의 하나인 배분권자가 제시한 금액을 나머지 한 사람인 배분응답자가 받아들이면, 둘은 10만 원을 배분권자가 제시한 금액대로 나누어 가집니다. 하지만 배분응답자가 거부하면 10만 원을 원래의 주인이 가져갑니다. 즉, 배분 응답자가 배분권자가 제시한 금액에 동의하지 않으면 둘에게 돌아가는 돈은 한 푼도 없는 것입니다.

문제 B-1(지불의향 금액): 만약 당신이 배분권자라면 10만 원 중에서 배분 응답자에게 얼마를 주겠다고 하겠습니까?

문제 B-2(수용의향 금액): 만약 당신이 배분 응답자라면 배분권자가 최소한 얼마를 주어야지 제안을 받아들이겠습니까?

위에서 말한 것처럼 인간이 이익극대화 원칙에 100% 충실하다면 지불의향 금액과 수용의향 금액은 이론적으로 1원 이상이면 된다. 돈을 나누어줄 권한이 나에게 있는 경우 내가 얻을 수 있는 금액은 최대 99,999원이 될 수 있다. 배분 응답자는 자신에게 제시된 금액이 단돈 1원이라도 수용하는 것이 경제적으로 합리적 행위가 된다.

---

36) 이런 실험은 행동경제학에서 이익극대화 이론이 현실에서 실현되는 양태를 판단하기 위하여 수행된다.

<표 1-5> 최후의 통첩 게임 결과

	표본수	실험시기	평균값(원)	
			지불의향 금액	수용의향 금액
이익극대화 실행의 정도				
40~50대 남성사무직	37		50,541	46,216
30대 주부	30	2008	51,333	32,500
대학생 전체	82	2009	46,232	41,110
경제과 학부생만	52		46,500	39,295
일반시민	38	2011.11	53,789	43,895

이 설문 결과는 기존의 다른 조사결과와 유사하다<표 1-5>. 기존 조사 결과에서 지불의향 금액은 전체 금액의 40%인 4만 원에 가깝고 수용의향금액은 30%인 3만 원 정도이다. 답변에 대한 이유를 보면 두 가지 경우 모두 상대방의 감정과 형평성을 고려하고 있음을 발견할 수 있다. 감정과 형평성을 고려하는 이유는 이러했다: 상대가 불이익을 받는다는 느낌이 없어야 제안을 받아들일 것 같아서; 공평한 것이 합리적이라 생각하니까; 1, 2만 원은 치사해 안 받겠다.

이론과 현실이 이렇게 차이 나는 이유가 무엇일까. 감정이 개입될 여지가 적을수록 이익극대화 추구는 실제로 일어날 가능성이 크다. 반면에 사람과의 관계와 합의가 개입되는 경제 행위일수록 이익극대화 논리는 실제 발생할 가능성이 떨어진다. 사회적 관계에서 자신의 이익을 극대화하지 않는 인간을 호혜적 인간(Homo Reciprocan)이라고 한다. 호혜적 인간은 상대방이 자신에게 호의적으로 나오거나 사회적 합의나 규범을 충실히 따른다면 보상을 한다. 반대로 어길 경우에는 보복을 한다. 이 경우 보상과 보복에 드는 비용은 자신이 부담하지만 이익은 공공의 것이 된다(최정규, 2007). 즉, 사회시스템이나 정책이 어떠냐에 따라 사람은 공공의 이익을 위하여 행동할 동기가 있다는 것이다.

제3절 욕망의 명품핸드백

경제수준은 30등, 행복수준은 70등. 경제와 불행이 동반성장하는 기이한 나라. 왜일까? 한마디로 돈을 행복친화적(happiness-friendly)으로 쓰고 있지 못하기 때문이다. 돈을 버는 것보다 쓰는 방식을 고민하는 것이 행복을 높이기 위하여 긴요하다. 소비를 통해 얻고자 하는 행복이 기대에 미치지 못하면 돈 쓰는 방식을 행복효율적(happiness-efficient)으로 바꾸면 될 일이다. 하지만 현실을 보면 소비의 액수를 늘이는 방식으로 대응하는 양상이 날로 심해지고 있다. 그렇게 하는 것이 행복을 높이는 현명한 방식이라는 착각을 하기 때문이다. 과연 그럴까?

1. 차별적 우월성은 비싸다

소비의 양과 질은 점점 높아지는데 만족도가 따라주지 못하는 근원에는 소비를 통한 만족을 남과의 비교를 통한 차별적 우월성을 얻으려 하기 때문이다.[37] 차별적 우월성은 소비의 의미를 조작하는 데 성공한

---

37) 루소의 '인간불평등 기원론'과 '에밀'에 따르면, 차별적 우월성이 사회적 문제로 촉발된 것은 축제 때문이다. 인류사에서 최초의 시기가 가장 행복했다. 마을 사람들은 행복을 느끼기 위하여 축제를 열었다. 축제

마케팅 전략이 유효하게 작용한 면이 크다. 소비는 재화나 서비스의 사용가치에 근거하여 수요가 창출되고 가격이 형성되었다. 핸드백을 예로 들어보자. 핸드백은 물건을 집어넣고 편리하게 이동하게 하는 기능이 제일 사용가치이다. 디자인이나 희소성은 부차적 가치이다. 그런데 이제 소비에서 사용가치는 더 이상 중요하지 않게 되었다. 소비자가 소비하는 것은 물건에 담긴 상징적 의미라는 것이다(Hamilton, 2004).

상징적 의미를 소비행위의 중심으로 인식시킨다는 것은 부가가치를 엄청나게 창출하는 것이 가능해졌다는 것을 뜻한다. 디자인은 기본이고 상품과 관련된 사연과 이미지를 마케팅 과정에 반영하여 사회적 신분을 결정하는 아이콘으로 핸드백의 의미를 전환하는 것이다.[38] 사용가치에 근거한다면 가격은 원료, 임금, 물류비, 영업이익에 따라 결정될 것이고 사용가치에 근거하여 거래가 이루어진다면 가격은 높지 않을 것이다. 하지만 사회적 의미가 상품가치에 반영되면 상품은 급격히 다양해지고, 가격이 껑충 뛰어오를 수 있다. 소비의 목적이 절대적 효용에서 상대적 효용으로 전환하면서 소비를 둘러싼 무한 경쟁이 촉발되는 것이다.

기간에 어떤 탤런트가 등장하여 마을 사람들의 인기를 독차지했고, 선망, 질투, 시기가 나타났다. 인기를 얻기 위해 모방이 나타났고, 허영심, 수치심을 알게 되었다. 야금술과 농업기술의 발견은 인류로 하여금 사유재산 제도를 성립시켰다. 이것이 소유욕, 사회적 불평등을 가능하게 하여 자존심 경쟁, 질투와 원한 증대, 남과의 비교를 대중화시킨 것이다(김형효, 2004).

38) 기술의 발전으로 대부분의 공산품에서 사용가치와 관련된 기능이 평준화되고 있다는 것도 주목할 필요가 있다. 평준화는 경쟁을 심화하고 이익을 감소시키는 구조적 요인으로 작용하게 된다.

〈표 1-6〉 위치재 구입에 따른 불행에 대한 모의 수치 사례

	일반소비재			위치재		
	절대적 효용	상대적 효용	합계	절대적 효용	상대적 효용	합계
효용 규모	9	1	10	9	20	29
지불용의액	9	1	10	9	20	29
거래가격			8			35
공급원가			6			17.4
소비자잉여			2			-6
판매자잉여			2			17.6

　이 과정을 가상적인 상황으로 따져보자<표 1-6>. 핸드백이 일반
소비재[39]일 경우, 물건을 집어넣고 가지고 다니는 기능이 핸드백 사
용의 직접적인 사용에 따른 가치로 절대적 효용이라 할 수 있다. 상
대적 효용은 남과의 비교에서 오는 만족도이다. 일반소비자는 효용에
근거하여 지불용의액이 형성된다. 또한 물건의 사용가치가 효용을 형
성하는 대부분이고 상대적 효용은 부차적이다. 이런 맥락에서, 핸드
백으로부터 얻는 효용이 10이라고 할 경우 절대적 효용은 9이고 상대
적 효용은 1 정도라고 가정하자. 지불용의액은 효용의 규모와 일치하
기 때문에 지불용의액은 10으로 하였다. 거래에서 실제로 지불하는
거래가격이 8이므로 소비를 통하여 소비자는 2만큼의 이익을 얻는다.
이렇게 지불용의액과 실제지불액과의 차이를 소비자 잉여라고 한다.
핸드백을 공급하는 총비용과 소비자로부터 받는 돈의 차이가 생산자
잉여이다. 이 상황에서는 6만큼의 비용을 들여 8을 받고 팔면 2만큼
의 소비자 잉여를 획득하게 된다.

---

39) 여기서 일반 소비재라는 표현을 쓴 것은 위치재와 구별하려는 의도가 있는 것이다.

2. 위치재와 방어재의 덫

이제 핸드백이 위치재로 성격이 바뀌었다고 가정해 보자. 고가의 소비 행위를 통하여 상대적 우월감을 획득하려는 것을 위치재(positional goods) 소비라고 한다. 위치재는 경제학자 프레드 허쉬(Fred Hirsch)가 제안한 용어이다. 위치재를 선택하는 주요한 기준은 상대방과의 차별이다. 위치재를 구매하는 동기는 물건의 사용과 관련된 기능이 필요해서라기보다 그 물건을 구매함으로써 따라붙는 사회적 지위를 얻기 위해서다. 기능이 아닌 사회적 순위를 사는 것이다. 순위 경쟁을 하게 되니 자연히 값이 비쌀 수밖에 없다.

핸드백의 가격이 누구나 살 수 있을 정도로 싸다면 너도나도 살 수 있기 때문에 남들하고 달라질 수 없다. 차별적 우월성을 확보하기 위해서는 남들을 떼어놓아야 한다. 결국 지불능력이 큰 사람이 소비할 수 있는 물건이 필요해진다. 상업논리가 이것을 지나칠 리가 없다. 현실에서 터무니없이 높은 가격으로 거래가 일어나는 것은 이런 구조 때문이다.

이런 속성을 감안하여 표에서 위치재 핸드백은 절대적 효용을 9로 하여 일반 소비재와 같은 규모이지만, 상대적 효용은 20으로 상대적 효용의 비중이 절대적 효용을 역전하는 것으로 가정한다. 효용의 총 규모는 29가 되고 지불용의액도 29가 된다. 이 상황은 실제로 거래를 하는 소비자를 상정했기 때문에 효용과 지불용의액을 같다고 가정하였다. 그런데 판매자가 핸드백에 대한 마케팅 개념을 일반재에서 위치재로 소비자에게 각인시키는 것이 성공하면 가격에 대한 주도권은 수요와 공급이 아닌 판매자의 이익극대화 방식이 적용된다. 표에서 가격은 지불용의액 보다 큰 35로 가정하였다. 공급원가는 편의상 일반소비재와 동일하게 지불용의액의 60%를 적용하여 17.4로 하였다. 따라서 소비자 잉여는 −6이 된다. 소비자는 소비를 통하여 손해를 보는 것이다. 이것이 위치재에서 나타나는 '울며 겨자 먹기로 사야 하는' 결과가 되는 것이다. 반면에 판매자 잉여는 일반소비재의 경우는 2인데 위치재가 되어 17.6으로 대폭 증가한다.[40]

위치재에는 일반 상품이나 사회적 지위도 포함된다. 위치재는 상대적 비교를 기본 속성으로 하기 때문에 경쟁을 피할 수 없다. 모두가 1등이 되는 것은 소비자들이 원하지 않는다. 나만 1등을 하겠다는 요구 때문에 특이한 상품이 나오고 값이 올라간다. 그래도 수요는 증가하는 기이한 현상이 나타난다.

좋은 등수를 얻으려는 것이 위치재 소비의 일차목적이라면 방어재 (defensive goods) 소비는 등수에서 떨어지지 않으려고 수세적 입장에서 하는 행위이다. 방어재와 위치재는 동전의 양면처럼 밀접한 관련이 있다. 두 가지 모두 고급이고 비싸고 무한경쟁이라는 것이 공통점이다. 위치재는 남보다 앞서려는 것이고 방어재도 최소한 남들 흉내는 내야 하기 때문이다. 방어재는 같은 수준에 있던 사람이 앞서 갔을 때 따라가자는 것인데 이때 아예 남보다 더 고급스럽게 하면 위치재 소비가 되는 것이다. 결국 둘 사이는 쫓고 쫓기는 무한 경쟁이 될 가능성이 크다. 이러한 무한경쟁에서 돈이 모자란 사람들이 고육지책으로 선택한 것이 짝퉁이다.

---

40) 실제로, 명품 핸드백을 공급하는 에르메스는 한국을 비롯한 특히 아시아 소비자 덕에 2011년 상반기 순익이 전년 대비 50% 증가 2억 9,090만 유로를 기록했으며, 매출액은 전년 대비 21.5% 늘어난 13억 1,000만 유로를 올렸다고 한다(조선일보, 2011.9.2).

위치재는 행복찾기에 도움이 되지 않는다. 돈은 돈대로 쓰면서 만족도는 낮을 수밖에 없다. 단지 더 비싼 것을 소비한다는 이유로 더 만족하고 남보다 우월하다고 느끼는 것이 위치재를 필요로 하는 동기이다. 돈과 자원은 유한하지만 사람의 욕심과 경쟁은 끝이 없다. 점점 더 많은 돈과 노력이 요구된다. 이런 판을 바꾸지 않으면 극소수 1%만 승자가 되고 나머지 99%는 필연적으로 패자가 될 수밖에 없는 구조이다.

위치재와 방어재의 세계에서는 물건이 아닌 그것을 소유할 수 있는 사람의 능력이 중요하다. 경쟁이 치열할수록 물건의 가격은 올라간다. 물건의 가격은 물건의 기능에 맞추어 매겨지는 것이 아니다. 다른 사람들을 따돌릴 수 있을 정도의 가격차별과 구매자의 지불의향금액을 고려하여 가격이 결정된다. 생산자는 가격 경쟁을 끊임없이 부추긴다. 비쌀수록 잘 팔리고 더 갖고 싶어지는 물건이 위치재이다<표 1-7>.

사회적 상징조작에 끌려다니다 보면 결국 당하는 것은 소비자이다. 돈은 돈대로 썼지만 만족도는 제자리가 되기 일쑤다. 고가로 구입한 물건들이 사용가치는 약간 높을 수 있지만 그 약간 높아진 사용가치를 얻으려고 추가로 지불한 돈은 상당히 커질 수 있다. 위치재 경쟁이 극에 달하면 소비자가 부담하는 비용은 증가하지만 차별적 우월성을 달성하지 못하게 되어 돈만 소모하는 상황까지 올 수 있다. '3초 백', '5초 백'이 이러한 현상을 상징하는 것이다.[41] 판매자는 매스티지(masstige)[42] 마케팅 전략을 성공시켜 수익이 극대화되었지만, 명품

___

41) '3초 백'이라는 말은 지하철이나 길거리에서 '3초에 한 번씩 마주치는 백'을 말하고 '5초 백'이라는 말은 5초에 한 번씩 마주치는 아주 흔한 백을 말한다. 하지만 가격은 일반적인 가방보다 10배 이상 비싸다고 한다.

42) 매스티지는 대중을 뜻하는 mass와 특권을 뜻하는 prestige를 합쳐 만든 말이다. 가격을 최고명품보다는

은 '그저 내가 유행하는 예쁘고 비싼 물건을 살 능력이 된다고 거리에서 자랑할 수 있는 상징적인 소비일 뿐이다. … 내 현실은 내 잔고와 내 건강과 내 가족과 친구들이고 이건 상상으로 바꿀 수 없다'(김윤성·류미연, 2011).

〈표 1-7〉 명품 핸드백을 쫓는 소비 풍토에 대한 언론 기사

개당 1,000만 원이 넘는 에르메스의 버킨 핸드백을 사기 위해 순서를 기다리는 국내 구매 대기자가 1,000여 명이 넘는 것으로 나타났다. 1일 명품업계와 에르메스 코리아에 따르면 에르메스 버킨 백을 구매하기 위해 1,000만 원이 넘는 선불을 내고 번호표를 받은 대기자가 1,000명이 넘는다. 프랑스에서 수작업으로 제작되는 물건의 수는 한정돼 있는데 국내 대기 수량이 워낙 많기 때문이다.

에르메스코리아 관계자는 "물량은 부족한데 국내 수요는 너무 많아 한때 대기자를 아예 안 받은 적까지 있다"며 "프랑스 본사에서도 '한국이 왜 이러느냐'며 놀라고 있다"고 말했다. 버킨 백이란 에르메스 베스트셀러 상품으로 영화배우 제인 버킨의 이름을 따온 가방이다. 국내 구매 대기자가 워낙 많아 특이하게도 중고제품 시세가 소비자가격보다 많게는 100만 원 이상 넘어서기도 하다.

서울 강남구 압구정동의 한 중고 명품 매매상은 "워낙 구하기도 어려운 데다 구매를 원하는 사람이 많아 웃돈을 주고 구하려고 한다"고 말했다. 명품업체들도 놀라는 한국의 '명품 소비 과열'은 우리보다 소득 수준이 높은 선진국마저 앞지른다. 세계 시장 조사기관 유로모니터 조사에 따르면 한국의 가계소득에서 명품 소비가 차지하는 비중이 5%로 일본의 4%를 넘어섰다고 분석했다.

출처: 조선일보(2011.9.2.) 기사 일부

인천공항세관은 지난 7월 18일부터 지난달 말까지 여행자 휴대품 특별단속을 한 결과 면세 범위를 초과한 명품 핸드백을 몰래 들여오다 적발된 사례는 총 5,385건에 달한다고 4일 밝혔다. 이는 지난해 같은 기간 4,579건에 비해 18% 증가한 것으로 인천공항 개항 이래 최다 기록이다.

출처: 경향신문(2011.9.4.) 기사 일부

낮게 일반적인 중간수준 상품보다는 비싸게 책정하여, 대중들로 하여금 명품이지만 노력하면 구매할 수 있도록 유도하는 마케팅 전략이다.

제4절 이것이 대한민국 욕망이다

한국 사회에서 지속가능성을 구현하고 사회적 총행복을 높이기 위하여 극복해야 할 핵심 걸림돌로 물질주의 사회풍조를 꼽을 수 있다. 이것은 정치권[43]이 부추기고 국민이 동조한 결과이다. 거시적으로는 신자유주의의 영향에서 벗어나지 못하고 휘둘리는 현상이다. 자본이익의 극대화를 추구하고 세계적 경쟁 논리를 시대적 대세로 내세우는 세계화와 신자유주의가 지구상에서 상징적으로 구현되고 있는 곳이 한국 사회라고 할 것이다.

1. 정치권이 물질주의의 심장부이다

한국 사회에서 물질주의 가치를 배양하고 확산하며 꽃피우는 심장부는 정치권이라 할 수 있다. 한국 정치는 물질주의, 경쟁, 승자독식 논리가 생생하게 관찰되고 당연하게 받아들여지고 있는 현장이다. 물질주의를 대표하는 것이 돈과 권력이다. 정치는 정파세력 간에 권력을 쟁탈하는 것이다. 현실정치에서 돈이 없으면 정치활동은 거의 불

---

43) 모든 정치권이 획일적으로 물질주의 일색이다라는 주장을 하는 것은 아니다. 물질주의에 근거한 정치적 형태의 대표는 일본의 계파정치라 할 것이다.

가능하다. 선거는 합법적이고 사회적으로 승자독식을 합리화하는 수단이 되고 있다. 대통령 선거는 승자독식을 발현하는 시발점이다.

정치는 사회적 의사결정에서 최고수준의 영향력을 발휘하고 있다. 이런 힘에서 나오는 것이 정치중심주의이다. 정치권은 학문, 경제, 사회, 문화, 체육 등 거의 사회 모든 분야에서 실력과 영향력이 있는 대상자를 정치권으로 끌어들이고 있다. 정치권에서 사회 각 부문의 중요 인사들을 정치 영역으로 포섭하는 행위나, 대상자들이 자발적으로 정치권에 들어가려는 행위를 통하여 한국 사회에서의 물질주의는 순도 높게 단련되는 것이다.[44] 재주가 좋고 실력 있는 사람은 모두 정치를 하는 것이 순리이자 바람직하다는 정치환원주의가 물질주의 중심의 사회풍조를 강화하고 확산하는 원동력이 된다고 하겠다.

정치권에서 대중적[45]으로 물질주의를 확산하는 대표적 방식이 공약이다. 현실정치에서 공약은 대중적 욕망과 연계되는 경향이 크다. 이명박 당시 대통령 후보의 '747'과 '주가 5000' 공약이 대표적인 사례이다. 연간 경제성장률을 7%, 일인당 국민소득을 4만 달러, 경제규모를 세계 7위 수준으로, 주가지수를 5000으로 끌어올리겠다는 것이었다. 일반적인 경제적 논리에 근거할 때 이 공약이 실현될 가능성은 너무나 희박했다. 공약을 내건 현 정부도 더 이상 이 공약이 달성 가능하다는 발언을 하고 있지 않다.

상식적으로 실현 가능성이 없는 공약임에도 불구하고 대중적 지지가 가능했던 것은[46] 물질주의 중심적인 경제성장 정책이 추진될 경

---

44) 정치권에 대한 참여 자체에 대하여 이 글에서 옳고 그름에 대한 가치 판단을 하는 것은 아니다. 물질주의 축적의 맥락에서 정치권의 행위와 정치적 참여를 평가할 뿐이다.

45) 욕망을 논의할 때 대중이라는 표현을 쓰는 것은, 대중이 시민이나 국민과 비교할 때 비합리적, 충동적, 기회주의적 속성이 크다는 의미를 전제로 하고 있다.

우, 지지자들은 자신들이 선택적 수혜의 대상이 될 것이라는 기대에 빠져 있었기 때문이다. '747'을 지향하는 정책이 시행되어 발생하는 이해관계가 자신의 몫이 되리라는 것이 현 정권에 표를 던진 지지자들이 가졌던 내부적인 셈법이라고 할 수 있다.[47] 경제적 파이를 확장하는 정책이 시행되어 이해관계가 발생할 경우 자신들의 몫만 챙기면 된다는 의도가 지지자들 사이에 있었을 것이다. 자신들에게 실현되는 기댓값이 보통이상이 될 것이라는 일종의 워비곤호수효과[48]에 빠진 것이라 하겠다. 자신이 평균보다 잘할 것이라는 워비곤호수효과는 통계적으로는 오류이지만 현실에서는 실제적 행동을 불러일으키는 막강한 엔진이 되고 있음이 확인된 것이다.

남들보다 자신에게 행운이 더 올 것이라는 착각은 4대강 개발 지지층에서 구체적으로 확인된다. '747'이 대한민국이라는 불특정 다수를 대상으로 하여 막연히 평균적으로 경제가 좋아지고 자신에게도 물질적 보상이 올 것이라는 개념으로 대중과 결합했다면, 4대강 사업은 지역(4대강 인근), 분야(토목·건축 산업), 이해관계자(토건업자와 지역 유지)가 뚜렷해서 지지와 결속의 강도가 크다고 볼 수 있다.

---

46) 여기서 대중적 지지란 표현을 쓴 것은, 이명박 후보에 대한 지지의 상당 부분이 경제적 욕망과 밀접하게 관련되어 있다는 전제를 본 분석에서 하고 있다는 의미이다.

47) 경제적 이해관계를 가장 고려하여 투표행위를 한 것이 40대라고 할 수 있다. 지난 대선 때 특히 수도권의 40대가 이명박 후보를 지지했지만 경제적 성과에 실망하자 2011년 10월 서울시장 재선거에서는 박원순 후보로 표가 몰린 것이다. 40대는 연령별 개인소득이 가장 높지만 행복도는 가장 떨어진다. 40대가 번 소득이 자신보다 남(가족)을 위하여 쓰이는 면이 많은 점을 고려하더라도, 40대가 가진 '경제적 기회주의'는 40대의 행복에 상당한 제약이 될 가능성이 높다. 물질주의를 추구하는 강도가 높을수록 자신이 가진 능력이나 소득보다 외적인 비교에 민감하게 반응하게 되어 노력이나 결과에 비하여 만족도가 떨어질 수 있는 것이다.

48) 사람들에게 자신이 평균 이상으로 운전을 잘하냐고 물으면 70~80%가 그렇다고 대답한다는 조사결과가 있다. 통계적으로 가능하지 않은 논리적 오류이다. 이처럼 대부분의 사람들은 자신이 다른 사람보다 잘한다고 믿는 경향이 있다. 미국의 방송인 게리슨 케일러(Garrison Keillor)가 지은 이야기에 나오는 가상의 마을 워비곤 호수에는 모두 평균 이상의 아이들이 산다는 것에서 착안하여 '워비곤 호수 효과(Lake Wobegon effect)'라는 이름이 붙여졌다.

정치권은 정치적 지지를 얻을 목적으로 다수를 대상으로 하여 기대를 높이는 행위를 하지만 현실적으로 다수의 대중들에게 이해관계를 충족시켜주는 것이 가능하지 않다. 특히 경제적 이해관계처럼 자원이 제한될 경우 상대적 박탈감과 절대적 실망이 높아질 가능성이 크다. 이해관계를 채워줄 수 있는 성과가 절대적으로 미달하여, 대중들의 기대충족이 부족할수록 여론을 주도하는 계층에게 상대적으로 자원을 많이 배분해주어 지지를 확보함으로써 자원배분의 효과를 극대화하려는 경향이 나타난다.

　이 결과 일반 대중은 기대감이 충족되지 못함에 따른 절대적 수준의 절망과 더불어 자원배분이 일부에 편중됨에 따른 상대적 박탈에 빠지게 된다. 이러한 과정이 반복되면 정치권에 대한 신뢰가 떨어지고 정치적 지지 양상에 영향을 준다. 정치권이 대중들에게 물적 성장에 대한 기대를 심어주지만, 기대에 미칠 수 없는 성과는 정치권에 대한 불신으로 귀결된다. 이러한 과정이 반복되면 기성 정치권 전체에 대한 국민적 거부감이 형성되는 것이다.[49] 아울러, 자신의 이해를 따라 지지와 투표 성향을 바꾸는 정치적 부동층이 넓어지면서 단기적인 물적 성과 위주의 정책이 주류를 이루게 된다.

　물질주의 중심의 정치적 행위에 따라 발생하는 이해관계를 소득계층의 맥락에서 살펴보자. 물질주의 정책의 최대수혜자는 경쟁력과 기득권을 가지고 있는 계층이다. 물질주의 정책은 총량 중심의 경제적 효율성을 중시한다. 보유하고 있는 기술, 능력, 정보의 양과 질에 따라 정책 참여와 이해관계 분배가 비례하는 경향이 크다. 성장의 결과

---

49) 최근 안철수 교수에 대한 국민적 지지도가 기존 정당보다 높은 것도 이런 맥락에서 해석이 가능하다.

물은 고소득층이거나 대기업에 편중된다. 대기업에 유리한 법인세 감세나 환율정책이 국내 투자와 일자리 창출로 귀결되지 않고 있다. 고소득층의 소득증가는 내수 진작과 거의 무관하다. 주거를 제외한 고소득층 소비의 상당 부분은 궁극적으로 해외시장이다. 자동차, 가전, 장식품 등의 명품 소비, 자녀들의 해외연수와 유학, 해외여행의 주요 소비자는 고소득층이다.

저소득층은 물질성장 중시 정책의 가장 큰 피해자라 할 만하다. 저소득층은 개인의 능력이 떨어지고 기술, 자본, 정보수준이 낮기 때문에 효율성이 낮고 세계화에 따른 정보의 활용에 취약할 수밖에 없다. 물질중시 정책은 개인의 능력을 강조하고 효율성을 중시하며 세계화를 시대적 대세로 내세운다. 이런 분위기에서 복지정책은 성장정책에 밀리게 된다.

민주주의에서 중간소득층(중간계층)은 앵커이자 방향타 역할을 한다. 중간소득층은 구조적으로 고소득층으로의 상승도 가능하지만 저소득층으로 떨어질 수도 있다. 이런 면에서 중간소득층은 소득을 통한 계층 상승 욕구가 강하다. 물질주의 지향성이 강하고 정치적으로 기회주의적 성향이 상대적으로 강하다.[50] 현재 한국 사회에서 이들은 어느 때 못지않게 물질주의 추구 경향이 강한 것으로 파악된다. 2007년 대통령 선거에서 747공약에 대한 중간층의 지지와 2011년 10월 서울시장 재선거는 중간소득층의 물질 가치 선호 정도가 크다는 것을 단적으로 확인한 것이라 하겠다.

---

50) 여기서 기회주의적이란 자신의 물질적 욕망을 채워줄 수 있는 정파에 대한 조건부적·일시적 지지를 표출하는 행위를 의미한다.

2. 국가가 개인의 생존권을 보장하지 못한다

세금은 국가와의 계약이자 보험이다. 인간은 사회적 동물이다. 독불장군은 없다. 잘나가는 삼성그룹도 물건을 사주지 않는다면 순식간에 무너진다. 세금을 내는 것은 혼자 하기 힘든 일을 공동으로 하기 위한 것이다. 당장 필요하지 않아도 만일을 대비하기 위하여 보험을 드는 것과 같다. 헌법에 규정된 국가와 국민의 의무와 권리는 대한민국의 사회계약서이다.

가난한 나라에서는 힘이 있고 돈이 있는 사람을 중심으로 일단 돈을 벌 수밖에 없는 것이고, 부자와 권력자들이 먹고 남은 찌꺼기를 챙겨야 하는 것이, 힘없고 가진 건 몸밖에 없는 사람들의 운명이라는 주장이 있다. 처음부터 나누어 먹으면 죽도 밥도 안 된다는 거다. 이렇게 부자들의 곳간이 차고 넘쳐 흘러나오도록 경제 정책을 해야 한다는 것이 우리가 잘 아는 적하이론(滴下理論, trickle-down theory)이다. 우리가 많이 쓰는 표현으로 경제의 파이(pie)를 키우면 나누어 먹을 분량도 많아지지 않겠느냐는 것. 이걸 한국식으로 표현하면 떡을 만드는 작업은 다 같이 하고 떡의 본체는 몇 사람이 달랑 다 가져가고, 나머지는 떡고물만 먹으라는 거다. 이런 맥락 때문에 나는 적하이론을 '떡고물이론'으로 부르고 싶다.

국가가 개인의 생존권을 위하여 할 수 있는 역량에 대하여 회의를 가지는 국민이 늘고 있다. 국가가 챙겨주지 못하니 국민이 모든 것을 알아서 하는 통에 물질주의 풍조가 확산된다. 한국 사회에서 물질가치 풍조가 팽배한 것은 정치권과 대중들의 합작품이라 하겠다. 성과의 상당 부분은 고소득층에게 돌아가고 있는 것이 현 상황이다. 물질주의 경쟁이 심해지면서 나타난 것이 사회적 배제[51]이다. 대기업과 중소기업, 개인 간의 소득 양극화가 일어나지만 이에 대한 해법은 개인적이고 물질주의 강화라는 형태로 나타난다.

　사회나 정부는 시장자유주의를 내세우며 제도나 정책 시행에 소극적이다. 1990년대 후반 외환위기, 2008년도 세계금융위기를 통하여 대중들은 학습효과를 했다. 나라가 개인의 생존을 챙겨주지 않는다는 것이다. 생존에 대한 불확실성이 강할수록 물질주의에 대한 의존이 심해진다는 이론이 한국 사회에서 확인되고 있는 것이다. 대중들은 더욱더 한탕주의와 투기에 몰입하게 된다. 실물경제와 별도로 금융시장이 활성화되고 있는 이유에는 이러한 물질주의적 요소가 큰 작용을 하고 있다. 제조업을 하는 기업들도 제품판매를 통한 영업이익은 현상유지 수준이고 부동산이나 금융이 이익 창출의 핵심으로 변질되고 있다. 개인들도 월급은 생활비로 쓰고, 목돈은 투기를 통하여 버는 것이 합리적 재테크라는 인식이 광범위하다.

　이제 기본적인 생존권조차 국민 스스로 알아서 해야 한다. 몇 번의 사회경제적 위기는 국민에게 확실한 학습효과를 입증시켰다. 도대체 국가와 정부의 역할, 세금의 의미는 무엇인가? 우리는 깊은 고민에 빠져 있다. 국가에 대한 믿음과 기대가 떠나고 있으니 정책에 대한 신뢰가 따라붙지 않는 것이다. 믿을 건 돈밖에 없다. 이렇게 마음 정리를 하고 정부와 선을 긋고 있는 국민이 늘어나고 있는 참이다. 이런 형편에 우리는 또다시 경제위기를 맞고 있다.

---

51) 사회적 배제는 특정의 개인, 조직, 공동체가 주거, 고용, 보건, 정치 등에서 권리, 기회, 이용이 조직적으로 제한되어 사회통합의 장애물로 기능하는 경우를 말한다. 사회적 배제가 발생하는 주요 요인은 개인, 조직, 공동체 간의 관계에 대한 중대한 구조적 변화가 발생하는 경우이다. 세계화, 신자유주의가 중심 동인이다 (Madanipour, Ali, Cars, Göran, Allen, Judith ed., 2003).

힘이 들수록 같이 해야 하는 건 새삼스러운 진리이다. 대한민국은 지금 같이 할 준비가 되어 있는가? 위기에 앞장서 총대를 메는 것이 정치인과 관료들의 시대적 책무이다. 중국의 루 쉰(魯迅)은 "나는 소와 같다. 먹는 것은 풀뿐인데 짜내는 것은 젖과 피"라고 자신의 헌신성을 소에 비유했다. 자신은 풀을 먹으면서도, 국민에게는 젖과 피를 짜주는 헌신적인 지도자를 희망한 것이다.

3. 소득증가가 행복으로 연결되지 않는다

정치권과 대중들을 물질주의에 포획시킨 요인에는 한국 사회가 가진 구조적 특성이 의미 있는 작용을 하고 있다. 한국은 물질주의에 취약한 민족적 정서를 가지고 있다고 할 수 있다. 한국인은 단일민족이기 때문에 유난히 평등과 비교에 민감하다. 한국인은 차별에 대하여 강한 심정적 공감과 분노를 일으킨다. 그런데 능력에 따라 심한 차별을 하는 것이 대세라는 것이다. 승자독식, 개인 연봉의 격차는 사회발전과 생산성 향상을 위하여 지켜야 할 원칙으로 간주되고 있는 것이 신자유주의이다.

이러한 시대적 흐름에 가세한 것이 인간이 가지고 있는 차별적 우월성이다. 인간은 본능적으로 남과 비교하고 남보다 잘나고자 하는 잠재성이 있다. 다만 이러한 차별적 우월성은 환경과 문화에 따라 발현 여부와 강도가 조정되는 측면이 강하다. 유교적 문화와 강한 신분제 사회였던 시기에는 물질을 통한 차별적 우월성이 인위적으로 통제되어왔기 때문에 대중적 소비열풍은 불가능했다. 양반계급의 경우도 과도한 소비는 금기시되었다.[52]

인위적 통제와 문화적 제어가 없더라도 절대빈곤 상태에서는 물질을 매개로 한 상대적 비교의 정도는 약하고 잠재적이다. 한국 사회에서 물질토대가 일정 정도 마련되어 상대적 비교 성향이 윤곽을 잡은 것은 부동산 투기와 궤적을 같이한다고 할 수 있다. 1960년대 말부터 경제성장이 되어 물적 토대의 규모가 커지면서 땅투기에 필요한 자본이 형성되었고, 1970년대 중반부터는 아파트가 자산증식의 수단으로 가세하였다.[53] 땅과 주택을 중심으로 하는 부동산 투기는 1980년대와 1990년대에 극성을 부리다가 1998년도 외환위기로 주춤하게 되었다. 이후 2000년대 초중반에 수도권 아파트를 중심으로 투기가 재현되었으나 현재는 부동산을 통한 돈 벌기는 가능성이 없다고 판단되고 있다.

근로소득과 같은 일반적인 형태가 아닌 투기를 통한 급작스러운 소득증가가 대중적으로 발생할 경우 상대적 비교가 따라붙는다. 상대적 비교 의식은 잠재되어 있는 차별적 우월성을 건드려 소비행위로 나타난다. 부동산에 대한 묻지마 투기가 명품에 대한 묻지마 소비로 전이되는 것이다. 일단 차별적 우월성이 사회적으로 나타나면 관성을 받기 때문에 다시 잠복기로 접어드는 것은 쉽지 않다. 국민경제가 함께 쇠퇴하지 않는 한 차별적 우월성의 맛을 본 당사자들은 차별적 소비를 지속하게 되는 것이다.

한국 사회에서 물질 소비를 통한 상대적 우월성을 확보하려는 인정욕구가 등장한 시기를 1987년 이후로 보는 견해가 있다(김홍중,

---

52) 주택의 규모를 제한한 것이 상징적 사례이다. 왕이 아니면, 대신이나 부호라 할지라도 99칸을 넘을 수 없었다.

53) 한국에서 아파트는 1970년대 중반부터 재산증식 수단으로 인기를 끌었다고 할 수 있다. 1974년 대한주택공사가 완공한 반포주공단지에 이어 잠실단지에 대단위 아파트가 세워졌다.

2009). 한국 사회가 1987년 체제에서 1997년 체제로 전환하는 과정에서 나타난 것이 스놉(snob, 속물, 차별)이다. 1987년 체제가 민주 대 반민주의 구도라는 특징이 있다면 1997년 체제는 신자유주의가 전면에 등장하는 시기라 할 것이다. 1997년 체제 이전까지 한국 사회는 어느 정도 물질토대가 만들어지고 소득 분배가 양호한 시기라고 할 수 있다. 경제적·심리적으로 상당한 동질성이 마련되는 것이 경쟁적 모방 욕망을 불러일으키는 토대로 작용했다고 할 수 있다.

스놉은 더 이상 사회적 멸시의 대상이 아니라 경쟁을 통하여 성공한 주체로 '자신과의 고통스러운 싸움에서 승리한 자의 이마에 씌워지는 사회적 승인의 월계관이다'. 이러한 사회적 분위기는 '스놉이 되지 않으면 '서바이벌'할 수 없기 때문에 스놉이 되어야 한다는… 절박한 현실인식'을 반영하는 것이다. 스놉은 사회적 인정을 열망하지만 타인을 지위, 돈, 혹은 문화적 자본으로 보기 때문에(Boton, 2004) 스놉은 '주체'가 아니라 '자동기계'로 남는다. 욕망의 대상과 직접 관계하지 못하고 매개자의 중계를 통해서만 접촉한다. 때문에 물질가치를 매개로 한 물질소비를 통하여 얻을 수 있는 만족도는 기대에 미치지 못하는 것이다.

한국 사회에서 차별적 우월성을 목적으로 하는 소비행태가 지속될 것이라는 근거가 여기에 있다. 거기에 시대적 여건도 소비의 질을 부추기고 있다. 자유무역체제가 확대되고 경제개방이 확대되고 있다. 정부 규제는 약화되고 있다. 경제가 불황이더라도 대기업의 이익과 고소득층의 소득은 증가하고 있다. 돈이 한쪽에 몰린다는 것은 돈을 가진 사람들이 소비를 통하여 얻을 수 있는 상대적 우월감이 더 커질 수 있다는 의미가 된다. 차별적 소비를 늘릴 수 있는 여건이 탄탄해지는 것이다.

한국 사회에서 상대적 비교에 따른 차별적 우월성에 대한 이해와 분석은 교과서적인 정형성이 있다. 하지만 한국 사회가 물질에 대하여 가지고 있는 인식은 중층적인 성격도 섞여 있다고 할 수 있다.[54] 40대 이상의 기성세대에게는 상대적 비교와 절대적 비교를 동시에 추구하는 이중의 의식구조가 존재하는 듯하다. 이러한 현상은 물질주의 추구 형태 중에서 가장 강력한 유형이라 할 수 있다. 소득의 상당 부분이 차별적 우월성을 확보하는 방향으로 사용될 여지가 강하다는 것이다. 소득증가가 저축이나, 노동시간 단축으로 연결되지 않는 것이다. 반대로 소득이 증가해도 그 소득증가분이 경쟁적인 위치재 소비[55]로 몰린다면 소득증가가 사회적총행복에 기여하는 부분이 미약할 수 있다는 해석이 가능한 것이다.

4. 한국경제구조는 신자유주의 체제에 파묻혔다

한국 경제는 국제사회에서 경제개방의 정도가 가장 높은 나라에 속한다. 한 나라에서 생산한 총 가치(GDP)를 수출액과 수입액을 합한 금액으로 나눈 것이 무역의존도이다. 한국의 무역의존도는 다른 나라와 견주어 높기도 하지만 계속 증가하고 있다. 무역의존도는 1996년 50%, 2004년 70% 선을 넘어 당분간 90% 안팎을 유지할 전망이다. 대

---

54) 이러한 주장은 위에서 언급한 절대비교와 상대비교의 실험에 근거한 것이다. 이 실험결과가 보편적이라 하더라도 이것이 일시적인 현상인지 한국인의 고유한 의식인지에 대하여는 논쟁의 여지가 크다.

55) 사교육비가 대표적이다. 사교육비의 경우는 치킨게임과 비슷하다. 경쟁이 격화될수록 등수를 가리는데 들어가는 단가가 올라간다. 소비규모가 늘어남에 따라 희망하는 등수에 들지 못한 다수가 느끼는 행복도는 반비례한다. 같은 50등이라도 100만 원을 쓴 경우와 1,000만 원을 쓴 경우에 느끼는 후회와 실망감은 차이가 분명히 있다.

부분의 선진국은 무역의존도가 50%를 넘지 않는다.

한국증권시장은 외국인투자자의 비중이 30% 정도로 상당히 높은 수준이다. 한국 주식시장이 대외 악재에 매우 취약한 구조를 가지고 있다는 의미다. 한국증권시장의 주가를 나타내는 코스피지수는 글로벌 증시의 풍향계라고 할 만하다.[56] 무역의존도가 높고 금융시장이 해외와 밀접하게 엮여 있으면 국제경제가 호황일 경우는 순발력을 발휘하여 그 혜택을 거둘 수 있는 구조적 장점이 있다. 하지만 불황일 경우는 위험도가 커진다. 한마디로 한국경제는 세계 경제의 흐름에 휘둘릴 수 있는 개연성이 상당히 높다는 것이다.

한국 경제는 신자유주의와 깊숙하게 연계되어 있다. 거시적 맥락에서 최근 신자유주의는 과거와 다른 행보를 보이고 있다. 신자유주의 흐름이 주춤하거나 쇠퇴하는 듯한 양상이다. 신자유주의의 종주국이라 할 수 있는 미국은 재정적자, 더블딥, '월가를 점령하라'로 대표되는 소득양극화와 금융자본에 대한 국민적 저항에 빠져있다. 세계 경제 우등생 유럽은 이제 전 세계를 날려버릴 수 있는 폭탄으로 변했다. 일본의 경제 불황은 '또 다른 10년'으로 향하고 있다. 중국의 경제 활황도 조정기에 접어들고 있다. 신자유주의가 추구해온 경제 전략이 끝나고 있다는 평가를 할 만하다.

2008년 이후 악화된 세계적 경제위기로 실업률은 치솟지만 정부 지원은 줄어들고 있다. 세계적 경제 불황이 세계적 혼란을 일으키고

---

56) 한국경제 규모가 크기 때문에 세계 경제에 주는 영향력이 상승했다는 점, 선진국에 앞서 월요일 개장한다는 점도 글로벌 풍향계가 되는 또 다른 요인이라 할 수 있다. 실제로 2011년 8월 미국의 더블딥 우려와 유럽 재정위기 공포로 세계 증시가 일제히 폭락할 때, 코스피는 14.85% 떨어졌다. 이것은 17.41%로 가장 크게 하락한 독일을 제외하면 주요국 중 증시 진동이 가장 심했던 것이다(경향신문, 2011. 8.12: http://news.khan.co.kr/kh_news/khan_art_view.html?artid=201108122108555&code=920201).

있다. 영국, 스페인, 그리스, 이스라엘, 칠레에서 생존권을 요구하는 격렬한 시위가 발생하고 있다. 이와 더불어 주목할 것은 선진국의 최고부자들이 증세를 요구하고 나선 것이다. 이대로 가다가는 자본주의 체제 자체가 위험해져서 부자들이 가진 모든 것들이 위험해질 수 있다는 논리도 생각해 볼 수 있다. 서구 사회에서 산업 혁명 이후, 열악한 민생문제가 심화될 경우 체제전복으로 연결될 것을 두려워해서 나온 대책이 사회복지 정책임을 상기할 시점이다.

지금처럼 물질 위주, 경쟁과 비교를 내세우는 신자유주의 방식은 한계에 왔으며 새로운 생존 방식에 대한 고민이 필요한 시점이 된 것이다. 이러한 시대적 변화 속에서 한국 사회는 물질주의 성향이 대중적으로 확산되고 심화될 가능성이 높다. 1990년대 말의 외환위기와 2008년 세계금융위기를 겪으면서 국가의 역할에 대하여 근본적인 한계를 절감한 한국 사회의 대중들은 개인차원에서 위험에 대비하는 준비를 할 것이다. 불안정이 높고 불확실성이 강할 것이라는 확신이 높을수록 물질에 대한 의존의 정도가 강해질 것이다. 하지만 이 경우 물질의존의 양태는 소비를 많이 하기보다 만일의 사태에 대비한 저축이 강화될 가능성이 높다. 정부가 국내 소비를 높이려고 하지만 효과가 뚜렷하지 못한 이유에는 장래를 대비하려는 가계의 의도가 깔려 있다고 할 것이다.[57]

사람들이 물질가치에 휘둘리면 윤리의식이 떨어지고 다른 사람을 이용하여 이익을 챙기려는 경향이 생긴다는 연구가 있다(Kasser, Vansteenkiste, and Deckop, 2006). 자기중심적 성향이 강해지는 것은 자기생존방식을

---

57) 소비부진은 주택구입에 따른 가계부채 상환도 커다란 이유이다. 아울러 내수 진작 정책의 핵심 수혜 계층이 고소득층인데 이들의 주요 소비시장은 해외시장이라는 점을 상기할 필요가 있다.

적극적으로 발휘한다고 평가할 수도 있다. 최근 급격하게 증가하고 있는 전셋값 인상과 월세로의 전환도 일부에는 이러한 자기중심적 이익 챙기기 방식이 반영되고 있다고 하겠다.

물질에 대한 대중적 욕망이 높아지면 경쟁이 강화되고 정부 규제가 약해지는 경향이 있다(Kasser, Cohn, Kanner, & Ryan, 2007; Schwartz, 2007). 대중이 바라는 것과 정책적 대응은 한 몸이라고 할 만하다. 현실정치는 대중이 원하면 공약이나 정책으로 추진하려는 속성이 있다. 이 대중의 바람과 정책이 맞닿는 과정에서 선후의 문제와 주도의 문제는 있을 수 있다. 예를 들어 4대강 사업은 정부가 시작하여 주도하고 이해관계가 들어맞는 일부 대중들이 이를 받아서 지지하고 있는 형세이다. 반면에 최근 벌어지고 있는 복지정책, 감세 철회, 무상 급식, 반값 등록금 문제 등은 비정치권이 중심이라 할 수 있다. 여당을 중심으로 하는 기성정치권은 피동적으로 대응하고 있는 양상이다.

그렇다면 대중들의 물질적 욕망이 높아지고 있는 지금 정부는 어떤 대응을 할 것인가?[58] 현 여건에서 일반적으로 요구되는 것은 복지, 재정, 경제 사이의 균형과 조화를 맞추는 것이다. 일단 현 정부는 성장위주, 총량(경제적 파이)확대 위주의 경제정책을 전면에 내세울 가능성이 크다. 하지만 급증하고 있는 복지수요가 총량확대 정책에 걸림돌이 될 수 있다. 투표와 같은 단기적 효과를 중시하는 정치의 생리를 고려할 때 정부는 성장정책과 복지공급이라는 두 가지 목표를 동시에 제시할 가능성이 높다. 정치권의 이러한 행위가 한국 사회의 물질주의 지향에 어떤 영향을 줄 것인가? 정책 수행의 구체적 방

---

58) 본 분석에서는 정부의 정책에 대하여 가치판단이 들어간 분석(what the government should be)이 아닌 정부가 취할 행위에 대한 예측(what the government will be)에 초점을 두고자 한다.

식에 대한 내역이 있어야 논리 있는 예측이 가능하겠지만, 큰 틀에서 볼 때 다음과 같은 수준에서의 언급은 가능하다.

성장정책[59]은 계층 간 소득의 양극화, 기업 간 이익의 양극화를 가져오기 때문에 상대적 박탈감이 증가 할 것이다. 경제적 여유가 있는 부류 사이에서는 지라르(Girard)류의 모방이 증대하여 고가의 사치품 매출은 증가할 것이고 이에 따른 사회적 위화감은 커질 것이다.

성장 중심의 경제정책이 기본적으로 물질주의 친화정책이라면 복지정책은 물질주의 억제정책으로 기능하여야 할 것이다. 하지만 복지공급이 사회적 단위에서 물질주의 추구 감소에 기여를 하려면 복지정책에 대한 일관성과 사회적 신뢰를 얻어야 한다. 현재 수준의 복지는 기본생활권 충족이란 맥락에서 양과 질적으로 부족하며, 복지공급이 시스템으로 정착이 되어 있지 않다. 때문에 대중들은 여전히 생존의 문제를 개인단위에서 해결하려는 자세를 바꾸지 않을 것이다.

세계 경제의 흐름을 전망하건데 한국이 추구하고 있는 경제성장정책이 성과를 얻기는 당분간 힘이 들 것이다. 향후 10년 정도 실질 연평균경제성장률이 4%를 넘을 가능성은 상당히 희박해 보인다.[60] 저성장과 복지확대는 정부의 재정 적자로 연결될 것이다.[61] 따라서 이 기간 동안 한국 사회는 기대에 못 미치는 저성장이 기본적인 삶에 대한 복지욕구를 가속화할 것이지만 재원 조달이 부족하여 복지공급의 양과 질이 대중들의 기대에 부응하지 못할 가능성이 높다. 결국 사회적 총량의 관점에서 대중들은 물질주의 가치관을 강화할 가능성이 크다.

---

59) 여기서 성장정책이란 지금까지 하고 있는 형태의 경제 성장 정책을 말한다. 모든 유형의 성장정책을 전제로 하는 것은 아니다.

60) 2011년 경제성장률도 애초보다 낮은 3.6%로 추정되고 있다.

61) 재정적자 확대는 지금과 같은 세제정책구조와 세출구조가 온존한다는 전제를 할 경우이다.

제2장

행복은
공공재이다

제1절 행복을 바로 알자

'행복정책'하면 고개를 갸우뚱하는 사람들이 있다. 개개인마다 행복에 대한 생각이 다양한데 국가가 나서서 무슨 일을 할 것인지 의아해한다. 행복은 궁극적으로 개인의 문제이며, 마음이다. 맞다. 행복은 전통적으로 종교와 철학의 영역이었다. '모든 것은 마음먹기 달렸다'라는 표현은 행복의 정수 그 자체이다. 하지만 행복하다 불행하다를 판단하는 과정을 파고 들어가면 개인의 행복에 대단히 복잡하고 다양한 개인외적인 문제가 개입되어 있다는 것을 금방 알 수 있다.

1. 행복이란?

무엇이 행복[62]일까? 행복의 뜻을 알고 싶어 이런 질문은 하는 경우는 거의 없는 듯하다. 우리는 자신이 행복한지 아닌지 누구보다 잘 알고 있다고 하겠다. 단지 행복한 상태를 조리 있게 말이나 글로 표현하는 능력에서 차이가 있다고 하는 것이 적절하다고 하겠다. 어쩌면 행복의 양상이 너무나 다양해서 보편적 설명이 가능한 정의를 내리는

---

[62] 행복(happiness)이란 용어는 맥락에 따라 삶의 질(quality of life), 주관적 만족감(subjective well-being), 효용(utility)과 유사한 의미로 쓰이기도 한다. 이 글에서도 특별히 밝히지 않는 한 행복을 포괄적인 의미로 쓰고자 한다.

것이 구조적으로 불가능하다는 주장도 일정 정도 수긍이 될 정도이다.

행복에 대한 논리적이고 분석적인 정의는 학문적 필요일 경우가 많다. 이런 경우 또한 궁극적 목적은 행복 그 자체에 대한 사변적 논의보다 행복해지려는 방법을 찾는 과정으로서 행복을 정의하는 것이 의미 있는 작업이 될 것이다.

'행복은 외부적 환경과 내부적 환경의 영향을 받는다'(Russell, 1996). 행복은 소득, 건강, 가족, 사회적 관계와 같은 외부여건에 대하여 유전적 기질이 반응하여 발현되는 삶에 대한 전반적인 주관적 만족감이라 할 수 있다. 외부여건이 같아도 느끼는 행복의 정도가 다양한 것은 외부여건과 행복 사이에서 일종의 필터 기능이 있다는 것이다. 캠벌 등(Campbell et al.,1976)은 가치관이 이러한 필터라고 하였다.

외부여건은 가치관에 따라 행복에 미치는 영향이 달라지는데, 가치관은 유전적 요인과 후천적인 요인이 결합된 것이라 할 수 있다. 유전적 요인은 선천적인 것으로 일생동안 거의 변동이 없으며 가치관을 형성하는 데 후천적인 경험과 함께 중요한 역할을 한다.[63]

이해를 돕기 위하여 돈과 행복을 중심으로 가상적인 상황을 생각해 보자. 저소득자, 중간소득자, 고소득자가에게 각각 100만 원이 생겼다고 하자. 소득이 낮은 순서대로 행복에 주는 영향은 커질 개연성이 높다. 그런데 우리는 소득이 같더라도 행복변동의 크기는 같지 않을 것이라고 생각하기 쉽다. 실제로 직업, 종교, 가족관계가 같아도 이들이 100만 원에 대하여 느끼는 행복의 크기는 차이가 나는 경향이

---

63) 가치관과 유전적 요인과의 관계는 복잡하지만 본 연구에서는 외부여건과 행복 사이에서 기능하는 요인을 가치관으로 통합하고자 한다. 유전적 요인도 성장하면서 외부환경에 반응하여 변할 수 있다는 주장도 있다. 하지만 이런 경우가 보편적이지 않고, 유전적 요인의 변동이 미미하다고 할 때 행복변동에 미치는 영향은 무시해도 큰 문제는 없을 것이다.

높다. 똑같은 100만 원이라도 돈에 대한 가치관에 따라 10만큼의 행복을 만들어 낼 수도 7만큼의 행복이 될 수 있는 것이다.

다음으로 언급해야 할 만한 것으로 돈이 만들어진 사연이다. 액면가가 100만 원으로 같더라도 그 돈에 깃들여진 의미에 따라 행복에 주는 영향은 천차만별이 될 수 있다. 깨끗한 돈, 더러운 돈, 노력에 비하여 적은 돈, 공짜로 얻다시피 한 돈 등 돈에 대한 평가는 행복과 직결된다. 이러한 돈 유형 가운데에서 행복에 도움이 되는 것은 '깨끗한 돈'과 '공짜로 얻다시피 한 돈'이라고 할 수 있다. '깨끗하다'는 것은 돈에 담긴 사연에 대한 평가이다. 돈을 버는 과정이나 돈을 주고받는 관계가 정의롭고 양심에 어긋나지 않는다는, 화폐가치 외적인 판단이 개입되어 있는 것이다. 바로 이 외적인 판단이 행복 여부에 결정적 역할을 하는 것이다.[64]

'공짜로 얻다시피 한 돈'도 행복에 도움이 된다. 여기서 공짜는 적은 노력으로 소득을 올리는 불로소득과 가까운 뜻으로 해석하면 된다. 돈과 행복의 관계는 몇 단계로 나누어 이해하는 것이 필요하다. 돈이 곧 행복이라고 하는 건 대부분의 경우 돈을 쓰는 행위와 관련된다. 소비와 상관없이 돈을 모으는 성취감이나 돈을 가지고 있는 그 자체만으로 행복하다는 사람도 있다. 이것은 일종의 물신 숭배(fetishism)

---

64) 깨끗함이 행복에 미치는 방향의 관계는 간단하지 않다. 돈의 액수가 적은 경우는 깨끗한 정도와 행복에 영향을 주는 방향이 비례하는 경향이 크다. 더럽고 적은 돈은 차라리 없는 것이 행복하다는 판단을 하는 것이다. 하지만 액수가 커지면 깨끗함의 정도가 떨어져도 행복해질 수 있다. 이러한 행복을 진정한 행복이라고 할 수 있느냐는 논쟁이 있겠다. 하지만 개인단위에서 볼 때 깨끗하지 못함에 따른 행복의 감소와, 돈의 액수가 행복에 주는 긍정적 효과를 종합적으로 고려하는 판단과정이 작동하는 것이다. 돈의 규모가 일정 정도 커지면 깨끗함과 행복 여부 관계가 역전될 수 있는 것이다. 이 임계점(critical level)은 인간이 중심이고 돈이 수단이 되는 주종관계가, 인간이 돈 때문에 인간됨을 포기하는 관계의 역전이 일어나는 경계선이라고 할 수 있다. 돈에 눈이 멀어 양심을 팔아서 얻는 뇌물이나 부정부패가 발생하는 것도 이런 논리로 설명이 가능하다. 개인단위에서 일어나는 이러한 내부 과정에 대해 이해를 하는 것은 사회적으로 바람직하지 않은 개인 중심의 행복찾기에 대한 올바른 진단과 해법을 위하여 필요할 것이다. 불법으로 획득한 소득에 대하여 그 소득보다 훨씬 많은 액수의 벌금을 매기는 것이 적절한 대응이라고 하겠다.

이다. 돈을 벌기 위하여 다른 것을 희생하는 경우가 많다. 노동, 관심, 관계 등을 희생하여 얻는 것이 돈이다. 그러므로 별다른 희생 없이 돈을 버는 행위는 행복에 도움이 되는 것이다.[65]

'더러운 돈', '노력에 비하여 적은 돈'이라는 느낌이 강할 경우 화폐가치가 증가했음에도 행복은 떨어질 수도 있다.[66] 객관적 대상에 대한 주관적 만족감이 행복영역에서는 분명히 존재한다. 소득증가가 효용(행복)을 떨어뜨릴 수 있다는 것은 행복연구 또는 행복경제학이 일반 경제학[67]과 차이가 나는 항목 중의 하나이다.[68] 물론 여기서 객관적 대상은 돈뿐만 아니라 일자리, 재화나 서비스 등에 보편적 적용이 가능하다. 바로 이점은 행복연구나 행복정책이 일반적인 경제정책과 뚜렷이 구분되는 점에서 주목할 만하다. 행복을 높이기 위해서 단순히 소득을 높이는 방향으로 정책을 편다는 것은 헛수고가 될 수 있다는 것을 암시하고 있는 것이다.

위와 같이 돈에 대한 가치관에 따라 돈이 행복에 미치는 영향은 달라지는 것이다. 행복은 외부여건과 유전적 요인이 반영된 가치관의 함수라고 할 수 있다. 여기서 유전적 요인은 고정되어 변하지 않는다고 하면, 외부여건과 가치관이 바뀌면 행복수준이 변동하는 것이다.

---

65) 복권이 당첨되거나 일확천금을 얻는 것이 행복에 도움이 되지 않는다고 하는 것은 논쟁적이다. 하지만 확실한 것은 비록 복권당첨이 지속가능한 행복관점에서 부정적이라 하더라고 그것은 복권이 당첨된 사건이 아닌 당첨금을 쓰는 과정이 문제가 있어 행복에 부정적 영향을 끼친다는 점을 판별하는 것이 논리적이다.

66) 여기서 짚고 넘어가야 할 것이 있다. 일시적인 사건이 행복에 미치는 영향은 작다고 할 수 있다. 행복을 생활에 대한 전반적인 만족도라고 할 때 '전반적'은 대상뿐만 아니라 시간의 포괄성까지 의미한다고 보는 것이 타당할 것이다. 여기서 100만 원이라고 하는 것은 일시적인 소득이라기보다 일상적인 소득원의 성격을 상징적으로 말하고 있다고 이해하고자 한다.

67) 본 연구에서 일반 경제학, 또는 경제학은 현재 주류라 할 수 있는 신고전파경제학(neo-classical economics)을 지칭한다.

68) 경제학에서도 효용은 주관적 판단이라고 한다. 하지만 재화나 서비스의 증가는 효용의 증가라는 상관성은 유지하고 있다.

2. 행복은 다르지만 비슷하다

두 살배기 아기를 보육원에 맡기고 일을 하는 맞벌이 부모를 생각해 보자. 아이가 제대로 지내는지 걱정이 된다면 부모가 마음 편하게 일을 할 수 있을까? 보육원에 대한 나쁜 언론 기사라도 접하게 되면 아이에게 죄를 짓는 것 같고, 돈이 원수라는 자괴감을 떨쳐버릴 수 없다. 맞벌이를 해서 돈을 벌어도 행복할 리 없다. 돈도 중요하지만 가족도 중요하다. 건강은 물론이다. 열심히 일하면 가족들과 오순도순 살수 있는 사회가 되었으면 좋겠다는 바람을 가지게 된다. 정치가 제대로 되어야겠다. 자연환경, 사람들과의 관계도 행복한 삶을 위하여 무시하지 못할 것이다. 이것이 우리들 대부분이 생각하고 있고 실생활에서 맞닥뜨리는 행복이자 행복을 위하여 풀어야 하는 숙제이다.

행복에 대한 사회과학적인 자료가 축적되면서 개인의 행복과 외부 환경과의 연관성을 과학적으로 따지는 것이 가능해진 것이 20세기 후반부터이다. 아직 행복에 대한 속사정이 모두 밝혀진 것은 아니지만 상당 부분 합의가 된 것들이 있다.

행복을 결정하는 요건들은 상당 부분 정리가 되었다. 문화, 국가, 정치체제, 시기, 발전 수준이 다르더라도 소득, 건강, 가족, 사회적 관계가 행복을 결정하는 중심적 요인이라는 것이 학계의 정설이며 상식이다. 우선, 먹고살 수 있는 물적 기반(소득)이 있어야 하지 않겠는가. 건강한 것은 당연한 조건이고 혼자 살 수 없으니 가족이나 친지, 주변과 어울리는 것이 필요할 것이다. 이것은 인류가 지금까지 살아오면서 보편적으로 바람직한 삶이라고 여겨지는 것들이다. 근대, 현대, 미래에도, 사회주의나 자본주의든, 종교가 무엇이든 인류의 행복을 구성하는 공통분모라 할만하다. 사람마다 나는 이것이 행복이다, 이럴 때 행복하다라며 다양하게 말을 하지만 그것을 정리하면 위에서 말한 몇 가지 핵심항목으로 상당 부분 설명이 가능해지는 것이다. 행복은 자기 삶에 대하여 만족하고 긍정적인 상태를 나타낸다.

행복정책은 국가가 정책이라는 형식을 통하여 바로 개인의 행복에 영향을 주는 개인 외적인 환경을 행복친화적으로 만드는 노력을 말한다. 더불어, 행복을 추구하는 개인으로 하여금 국민이 행복친화적인 행복찾기를 제대로 하고 있는지 적절한 정보를 제공하는 역할을 수행하는 것이다.

우리가 행복하면 아주 특이한 경우를 내세우곤 한다. 죽음이나 극심한 고통스러운 환경에서도 행복할 수 있었던 일화를 거론한다. 그러한 경우는 가능하지만 그것은 너무나 예외적인 경우이다. 국가정책은 사회구성원 대부분을 염두에 둔다.

3. 행복측정은 가능하다

개인단위의 행복측정은 대부분 직접적인 설문을 이용한다. 행복수준을 측정하는 설문은 대동소이하다. 행복은 무엇이다, 라는 설명을 별도로 하지 않고 직접적으로 다음과 같이 묻는 것이다.[69] "전반적인 면을 고려할 때 당신은 어느 정도 행복하십니까?"라고 묻고 답변은 행복한 정도에 따라 4~10단계로 한다.[70] 이런 설문 방식은 관련 학

---

69) 행복에 대한 설명을 하지 않는 것은 행복에 대한 개념이 사람들 사이에 비슷하다는 점 때문이다.

70) 예를 들어, 아주 불행하다/약간 불행하다/보통이다/약간 행복하다/아주 행복하다. 또는 점수 형식으로 묻고 답변을 유도하는 경우도 있다. 가장 행복한 상태를 10점이라고 하고 가장 불행한 상태를 0점이라고 할 때 여러분의 자신의 행복한 정도를 몇 점이라 할 수 있습니까?

계에서 행복에 대한 정의, 의미, 구성 요소에 대한 수십 년간의 논쟁을 통하여 상당 부분 합의된 결과라고 하겠다.

행복수준을 측정하는 또 다른 방식은 행복에 영향을 주는 요소들을 합산하여 단일한 행복지수로 도출하는 것이다. 행복지수는 행복과 관련이 있는 개인, 가족, 경제, 사회, 환경, 문화 등 여러 지표항목을 배합하여 지수라는 수치로 산정하는 것이다. 행복지수를 작성하는 정해진 방식이나 공식은 존재하지 않는다. 자료 존재 여부, 지수 도출의 목적에 따라 지수 산정 방식을 선정하는 것이 중요하며 지수도출 방식에 대하여 우열을 평가하는 것은 적절하지 못하다. 가장 보편적인 형태가 사회, 경제, 문화 등 포괄적 지표들을 합산하는 것으로 유엔개발계획(UNDP, United Nations Development Programme)에서 사용하는 인간개발지수(HDI, Human Development Index)의 형태와 유사하다. HDI는 경제, 건강, 교육과 같은 객관적인 지표에 근거하여 삶의 질을 측정하여 국제적 비교를 하고 있다.

부탄에서 사용하고 있는 지표는 종교, 명상, 영성의 개념을 포함했다는 특징이 있다. 특정 부문에 초점을 두는 행복지수로 경제행복지수를 예로 들 수 있다. 행복을 환경맥락에서 접근한 것으로 영국의 지구행복지수(HPI, Happy Planet Index)[71]가 있다. HPI는 대안경제를 연구하는 영국의 민간연구기관인 신경제재단(New Economics Foundation)[72]이 삶의 질을 생태적 효율성의 관점에서 평가한 것이다. 일반적으로 알려진 행복순위와 구성요건이 다르기 때문에 일반적인 행복지수와 같다고 생각하는 것은 오류이다.

---

71) http://www.happyplanetindex.org/

72) http://www.neweconomics.org/

사회나 국가단위의 행복수준에 대한 정보는 다양하다. 측정결과와 측정방식도 마찬가지이다. 사회나 국가 단위의 행복순위를 도출할 때 적용하는 대표적인 방식은 위에서 제시한 설문 방식이다. 행복순위에 대한 정보는 다수가 있지만 사회과학을 중심으로 하는 행복학계에서 대표적으로 이용하는 자료로는 세계가치관조사[73]를 들 수 있다. 전 세계 100개국 이상을 대상으로 하여 1980년대부터 행복과 관련된 설문을 실시하고 있다. 갤럽에서도 유사한 조사를 하고 있으나 자료를 제한적으로 공개하고 있어 이용에 한계가 있다. 국가 행복순위와 관련하여 한국에서 오해하고 있는 대표적인 사례로 방글라데시가 행복한 나라라는 주장이다. 방글라데시의 행복은 한국보다도 낮다고 할 수 있다<표 2-1>. 한편 국제 행복 순위에서 자의적 조사의 대표적인 사례로 꼽힐 만한 것으로 북한의 사례를 들 수 있다<표 2-2>.

〈표 2-1〉 방글라데시의 행복 순위

방글라데시 행복순위가 국제적으로 하위권이라는 것은 행복학계에서 이견이 없다. 예를 들어 국제적으로 비교할 수 있는 권위 있는 세계가치관조사에서 방글라데시의 행복수준은 두 번에 걸쳐 시행되었다. 1990년대 중후반의 조사를 보면 방글라데시의 행복지수 평균은 3점 만점에 2.01로 조사대상 56개국 중에서 29위, 2000년 전후에 시행된 조사에서는 1.90으로 64개국 중에서 47등을 하였다. 한편 같은 조사에서 한국은 각각 1.99와 1.96으로 30위와 37위를 차지했다.

〈표 2-2〉 북한이 주장하는 국제행복 순위

2011년 북한의 조선중앙TV에 따르면 203개 국가의 국제행복지수 순위에서 중국이 100점 만점으로 1위, 2위가 98점인 북한이 차지했다. 3위 쿠바(93점), 4위 이란(88점), 5위 베네수엘라(85점) 등이 상위권이다. 한국은 18점으로 152위, 미국은 203위다.

---

73) http://www.worldvaluessurvey.org/

제2절 행복, 국가가 나서야 한다

알면서도 행동을 안 하는 것보다 더 큰 문제는 잘못 아는 것을 신념을 가지고 열성적으로 노력하는 것일 수 있다. 현대인, 특히 한국의 경우 행복수준이 낮은 것은 물질주의 가치관이 커다란 역할을 하고 있기 때문이다. 돈 벌고 경제만 성장하면 저절로 행복해질 것이라는 집단적 신념에 한국 사회가 사로잡혀 있기 때문이다. 물질주의를 내세운 행복찾기는 국가가 부추기고 대중들이 호응하는 방식으로 가속화되고 있다. 그 결과로 더 많이, 더 크게, 더 빨리를 실현하기 위하여 전사회적으로 무한 경쟁이 벌어지고 있다. 이러한 악순환 구조에 대한 일차적 책임은 국가에 있다. 국민의 행복을 위하여 합법적으로 세금을 걷는 국가는 의무적으로 국민의 행복을 위하여 적절한 행위를 하여야 한다.

1. 정책, 돈이냐 사람이냐?

개인의 행복은 유전적 요인과 같은 내적인 것과 환경이나 문화 같은 외적인 것을 포함하는 다양한 요인의 영향을 받는다. 행복정책은 외적 요인을 행복친화적으로 조성하여 개인으로 하여금 지속가능한 행복을 구현하도록 지원하는 국가의 정치행위라고 할 수 있다.

행복정책의 관점에서 정책을 물질가치형 정책과 비물질가치형 정책으로 구분하고자 한다. 물론 이러한 인위적인 구분은 분석의 편의를 위한 것이다. 현실에서는 두 가지 가치 유형이 혼재되어 있으나 상대적인 비중을 고려하여 구분하고자 한다. 분석에서는 정책 내역에 따라 물질가치형과 비물질가치형으로 표현한다.[74] 예를 들어 교육정책의 경우, 등수선별위주정책은 물질가치형 교육정책으로, 공동체성과 인성계발 위주는 비물질가치형 교육정책으로 구분하는 것이다.

<표 2-3>을 보면서 두 가지 유형의 정책을 항목별로 비교해보자. 물질가치형정책은 개인과 사회가 추구하는 돈, 지위, 명예, 외모를 정책적으로 권장하고 지원하는 행위를 말한다. 성장중심형 경제정책, 등수 선별 위주의 교육정책, 규제를 극소화하는 자유시장주의와 작은 정부 지향, 경쟁과 비교를 통한 효율성 강조, 공공가치보다 사유가치 우선이 물질가치를 추구하는 정책이 가진 특성이라고 할 수 있다. 이 정책이 중심이 되는 사회에서는 승자가 성과 대부분을 가져가고 다수는 상대적 박탈을 느낀다. 하지만 효율성과 생존을 위하여 이런 결과는 수용해야만 한다는 주장을 기득권층은 강조하고 다수의 대중은 감내한다. 물질가치형 정책에 따른 최대의 수혜자는 대부분 1% 기득권층이라 할 만하다.

---

74) 유의할 것은 물질가치형과 비물질가치형정책에 대하여 기계적으로 좋다. 나쁘다의 가치판단은 하지 않는 것이 적절하다. 맥락과 정도에 따라 두 가지 유형의 정책에 대한 평가가 있어야 할 것이다. 현실에서 중요한 것은 두 가지 정책 사이에 조화와 균형을 유지하는 것이다.

〈표 2-3〉 물질가치형 정책과 비물질가치형 정책 비교

	개인만족도 변동 양상	사회적 총만족도	타인과의 관계	중심목표	관련제도	특징
물질 가치형 정책	초기 만족도 크지만 급격히 감소	물질가치형 정책은 비물질가치와 비교하여 단기적으로는 크나 장기적으로는 적음	경쟁재, 승자독식, 다수 불만	돈, 지위, 명예, 외모	성장 중심, 등수 중심, 인센티브와 성과중심 연봉	시장주의, 신자유주의,사유가치 존중, 작은정부, 경제적 효율성
비물질 가치형 정책	완만한 감소세		비경쟁재, 다수 만족 가능	공동체 의식, 자존감, 가족화목, 사랑, 여가	기본생활권 보장, 소득누진세, 연봉상한제, 종합부동산, 부유세, 기부장려	공공가치 중시, 시장에 대한 조건적 규제

이 체제에서 이겨낸 소수의 승자는 초기에 자신들이 확보한 성과에 만족하지만 돈과 권력이 계속적으로 증가하지 않는 한 만족도는 급격히 감소한다. 만족도를 유지하기 위하여 윤리 의식이 떨어지게 되며 자신들이 가지고 있는 돈, 권력, 정보를 이용하여 부정부패, 뇌물, 독직, 편법이 발생할 여지가 커진다.

사회적 총행복도는 두 가지 경로를 생각해 볼 수 있다. 전체 사회가 일시적으로 만족도가 올라가서 사회적 총행복의 절대적 수준이 커질 수 있다. 가장 상징적인 것이 자원 이용이다. 예를 들어 값이 비싼 자원을 엄청나게 채굴하면 엄청난 돈이 생겨서 사회 전체적으로 부가 증가할 수 있다. 지속가능한 관점이라면 후손들이 사용할 수 있는 여지를 남기는 것이 필요할 것이다. 상상해 보라. 만약 우리의 조상들이 모든 귀중한 자원을 다 써리고, 문화재와 환경을 훼손했다고 한다면 지금 우리들의 생활은 대단히 힘들 것이다. 이런 사회는 지속가능한 행복에 치명적이다.

두 번째로 자원과 소득이 사회경제적 강자에게 편중될 경우 사회

적 총행복이 가장 낮아진다. 행복수준을 높이기 위하여 자원과 소득의 절대적인 규모가 커져야 될 필요성이 강하고 적은 규모의 자원과 소득으로도 행복수준이 높아지는 것이 사회경제적 약자이다. 따라서 자원과 소득이 이들에게 적게 배분된다는 것은 사회적 총행복의 관점에서 가장 비효율적인 배분방식이 된다.

비물질가치형 정책이 추구하는 중심 가치는 공동체 의식, 자존감, 공공성이라 할 수 있다. 이를 위하여 과도한 시장자유주의에 대하여 규제의 필요성을 강조한다. 적정한 수준의 경쟁은 기술발전과 생산성 향상에 도움이 되지만, 가격을 매개로 한 시장의 기능에 경제행위를 전적으로 맡기는 것은 경제적 양극화, 사회적 배제를 가속화한다는 점을 지적한다. 시장은 자기조정적 기능이 현격하게 결여되어 있기 때문에 제어가 필요하다는 것이다. 하지만 제어의 주체를 무엇으로 하느냐는 논쟁거리가 되는데, 정책적 접근을 거론할 때는 제어의 주체를 국가로 전제하고 있는 것이다.[75]

하지만 행복의 맥락에서 국가가 해야 할 바람직할 역할은 행복에 영향을 미치는 외부여건을 행복친화적으로 구축하는 것이지, 개인의 행복에 대하여 구체적인 간섭을 하는 것은 현실적으로 가능하지도, 적절하지도 않다. 그런데 현실에서 '구체적인 간섭'의 경계는 명확하지 않다. 예를 들어 독서와 명상이 행복에 바람직하다고 하여 국가가 나서서 국민에게 행복에 도움이 되는 책의 목록을 제시하는 것은 구

---

75) 사회적 행복을 위하여 자기조정적(self-adjusting) 기능을 상실한 시장의 구조를 개편하는 것이 긴요하다. 하지만 시장개편에 대한 주체를 국가로 하는 것이 적절 하느냐에 대해서는 논쟁거리이다. 행복정책에서 시장에 대한 국가의 역할을 거론하는 것은 시장 개편의 여러 방식 중의 하나일 뿐이다. 칼 폴라니(Karl Polanyi)의 주장에 따르면 신자유주의 체제에서 문제가 되고 있는 시장자유주의가 가능했던 것은 국가의 역할이 중요했기 때문이다. 경제는 원래 사회와 문화의 작동 논리에 따랐으나 이제는 사회와 문화의 영역을 이탈하여 오히려 이들 세계의 안정성을 위협하고 있는 현실이다. 따라서 경제를 다시 사회와 문화의 세계로 들이미는 것이 필요해진 것이다(칼 폴라니, 2009).

체적인 간섭에 속할 것이고 국민의 행복을 획일적으로 유도한다는 점에서 바람직하지 않을 것이다. 대신 독서의 대중화에 도움이 되는 기반을 조성하는 방향으로 출판산업에 대한 지원을 하거나, 소비자가 지출한 도서비용을 세금과 연계하는 접근이 적절할 수 있다.

비물질가치정책은 기본생활권 보장, 소득에 대한 누진세 적용, 심한 연봉 격차 해소를 위한 정책, 종합부동산세, 부유세, 기부장려 권장 등에 주목하고 있다. 경쟁과 비교에 지나친 관심을 보이는 사회문화를 정책적으로 완화시키려고 한다. 가족화목, 생태적 여가와 같은 비경쟁재 중심적인 사회를 만들어 다수가 만족할 수 있는 구조를 구축하려고 한다.

2. 경제지표를 벗어나 사람중심지표로

논의의 편의상 경제지표를 화폐가치를 중심으로 하는 지표로 국한하자. 물가, 소비, 이익, 매출액, 교역액, 환율, 경제성장률, 국내총생산, 소득, 저축 등을 생각할 수 있다. 사람지표는 경제지표와 연관되어 사람들이 받는 영향에 대한 지표라고 정의해 보자. 사람지표는 크게 두 가지로 나눌 수 있다. 그중 하나가 주관적 지표이다. 소득만족도, 소비만족도, 고용, 일 만족도, 직장만족도, 행복수준 같은 주관적 만족감이 있다. 경제지표가 수치를 사용하여 표현되는 객관적 지표라면 이러한 지표에 대하여 사람마다 평가하는 내역은 상이하다. 객관적 지표에 대하여 주관적 평가를 하는 것이다.

사람지표에는 객관적 지표도 있다. 사람들의 물리적 행위를 다룬 정보들이다. 고용률, 노동시간, 여가시간 등이 대표적이다. 사람지표

중에서 지금까지 상대적으로 소홀히 한 것으로 사람들의 행위와 시간사용을 다루는 미시적 정보가 있다. 이들은 경제지표에 대한 사회적, 정책적[76] 평가에 영향을 미치는 주요한 요인으로 주목을 받을 가능성이 커지고 있다. 예를 들어 식사하는 시간, 잠자는 시간, 혼자 식사하는 시간, 가족과 식사하는 시간, 혼자서 하는 여가 시간, 가족이나 배우자와 같이하는 여가 시간이 있다. 소득과 여가 시간이 같다고 해도 혼자 하느냐 같이하느냐에 따라 만족도는 차이가 날 수 있다. 앞으로 정책은 이러한 세부적인 면까지 고려해야 할 것이다.

경제정책은 화폐가치 상승을 정책의 목표로 삼는 측면이 강했다. 일단 돈만 벌면 경제와 관련된 문제가 저절로 해결될 것이라는 전제가 무시 못할 정도로 깔려 있다고 할 수 있다.[77] 아니면 돈을 번 그다음의 문제[78]는 정책이 간섭할 성격의 것이 아니거나 관련 정보의 부족으로 정책이 간여하기 힘들기 때문에 경제정책대상에서 소홀히 하는 면이 있다. 이제 그러한 방식은 더 이상 사회적 지지를 받지 못하고 있다.[79]

경제지표를 중심으로 하는 정책과 사람지표를 중심으로 하는 정책에 대하여 차이를 따져보자. 대표적인 경제지표라 할 수 있는 경제성장률을 '고용 없는 성장'의 맥락에서 살펴보자. 경제성장률은 화폐가치로 표현되며, 성장의 결과가 소득계층별로 어떻게 분배되는지에 대

---

76) 여기서 말하는 정책은 행정부를 주체로 하는 행위라는 의미를 넘어 정부와 기업을 포함하는 사회 전체가 주체인 포괄적 행위로 이해하는 것이 적절할 것이다.

77) 경제성장론자들이 이러한 논리를 주창하고 있다. 경제적 파이만 커지면 경제성장 효과가 전체 사회로 저절로 퍼지기 때문에 경제성장은 사회 모두를 행복하게 하는 절대적 선이라는 것이다. 사회경제적 약자도 경제적 파이가 커지면 떡고물을 얻을 수 있다는 떡고물이론[trickle-down theory]이 상징적 사례이다.

78) 분배의 문제. 더욱 근본적으로 사회와 국민의 관심과 가치관이 물질주의에 매몰되는 현상을 들 수 있다.

79) 99%대 1%로 표현되는 선진국에서 일어나고 있는 사회개혁 요구가 보기이다.

한 정보는 별도의 정보를 통하여 알 수 있다.[80] 경제성장률은 행정부가 중요하게 여기는 거시경제지표의 간판 격이라 할 수 있다. 화폐가치로 측정되는 경제성장률을 좌지우지하는 주체는 기업이다. 기업은 전체 사회의 분배가 아닌 자기 회사의 이익을 극대화하기 위하여 행동한다. 고용을 우선시할 실리가 없다. 한편 행정부는 고용과 이익을 모두 고려한다. 이것이 교과서적인 이론이라고 하겠다.

이제 현실을 보자. 고용이 없는 성장이 최근까지 지속되고 있다. 그 결과 소득의 양극화를 넘어서 공정한 사회에 대한 회의감이 사회적으로 터져 나오고 있다. 이러한 사회적 문제를 일으킨 구조적인 문제에는 최첨단 부가가치 산업이 한몫을 하고 있다. 신성장동력 사업으로 추앙받고 있는 IT, 반도체, 생명의학 같은 산업들은 산업구조상 고용창출에는 엄청난 한계가 있다. 극소수 전문직 노동자를 상호 경쟁시키는 것이 회사의 이익을 최대로 하는 방식이 된다는 인식이 널리 퍼져 있다.[81]

경제성장률을 제일목표로 한다면 경쟁력이 있는 기업들을 위하여 정책을 수행하는 것이 논리적으로도 문제가 없을 것이다. 정부가 기업에게 혜택을 주는 정당성은 세금을 깎아주고, 기업에게 편의를 봐주면 기업이 돈을 더 많이 벌게 되어 장기적으로는 세금도 많이 걷힐 것이고 일자리도 늘어날 것이라는 전제에 근거한다.[82] 하지만 기업들의

---

80) 경제성장률을 산정하는데 중심이 되는 정보인 부가가치 규모는 국민계정을 통하여 알 수 있다. 이 계정에서 분배와 관련된 중요한 정보는 노동소득분배율이라 할 수 있다. 총 부가가치에서 임금이 차지하는 비율이다.

81) 사용자는. 전문직 노동자들이 고용과 실적에 대하여 경쟁을 강하게 할수록 이익극대화에 적합한 노동자를 싼값에 고용하여 노동 강도를 최대화한 후 새로운 노동자로 교체하는 것이 가능해진다.

82) 이러한 전제는 앞뒤관계를 따질 때가 되었다. 정부가 기업들의 세금을 깎아주고 각종 재정적, 행정적 지원을 한 결과 경쟁력 있는 기업들이 더욱더 경쟁력이 높아질 수도 있다. 이러한 상징적 사례가 과거 박정희 정권 시절에 경제기획원을 중심으로 추진한 재벌지원정책이었다. 최근 논란이 있었던 법인세 인하도 비슷한 맥락으로 해석이 가능하다.

반응은 정반대이다. 세금이 많다고 해외로 공장을 이전하겠다고 한다. 질 좋은 일자리는 제자리이고 늘어나더라도 비정규직이 대부분이다. 정책적·사회적 지원을 해 줄 정당성이 사라져 버린 것이다. 이익이 한곳에 쏠리고, 언제든지 이익을 좇아 한국을 떠나겠다고 공언하는 기업들에 아까운 세금을 들여 지원[83]하는 것이 합리적 행위일 것인가?

이러한 행동이 지속되는 것은 정책의 목표가 단기적이고 총량개념인 경제지표, 즉 경제성장률 중심이기 때문이다. 당장의 성과만을 따진다면 기술력, 자금력, 로비력이 있는 기업이 생산성과 효율성이 높아 경제성장을 높이는 데 도움이 되는 것은 부정하기 힘들다. 이런 상태가 변하지 않고 계속되는 사회는 어떤 모습일까? 고용 없는 성장, 소득이 높아져도 행복도는 떨어지는 사회, 공정성이 희박해지고 정의롭지 못하여 사회갈등이 심해지는 사회가 될 것이다. 단기적으로 객관적 경제지표는 좋아진다고 해도,[84] 삶의 질과 같은 주관적 사람지표는 악화된다. 양극화와 사회적 배제가 심해져서 사회적 관계를 나타내는 사람지표가 나빠진다.[85]

3. 올바른 정보제공이 행복정책의 핵심

행복맥락에서 개인과 국가의 관계를 살펴보기 전에 행복의 근본 주체인 나에 대하여 이야기해보자. 자율의지를 사회적 관계의 맥락에

---

[83] 굳이 정부가 금전적으로 기업을 지원하지 않더라도 기업 친화적 행정서비스를 하는 것도 행정서비스 제공의 재원이 세금이라는 면에서 세금이 기업에 대한 지원에 사용되었다고 할 수 있다.

[84] 장기적으로 이런 상황은 경제 그 자체에 대하여 심각한 위협이 되고 있다. 최근 전 세계적인 경기침체가 그 증거이다.

[85] 교제 및 여가활동이 줄어드는 것이 보기이다.

서 따져보자. 개인의 자기결정권은 어느 정도까지 인정해야 하고, 자기결정권에서 본래의 '자기'가 어떠한지를 들여다볼 필요가 있다. 다음에 국가나 사회의 역할이다. 만약 자기결정권이 전적으로 개인단위의 문제가 아니라면 국가가 할 일은 무엇인가를 보는 것이다. 행복정책의 필요성을 근원적으로 짚어보자는 것이다.

개인주의 사상이 발달한 서양에서는 개인의 행복, 슬픔, 행동에 대하여 자기 스스로 알아서 결정하는 것이 필요하다고 믿고 있다. 토크빌에 따르면 이것은 계몽주의가 주창하는 자기결정권(self-direction)으로, 개인은 자신의 이해관계를 판단할 수 있는 최적이며 유일한 존재로서, 사회구성원들이 공동의 이익에 대하여 사전에 합의하지 않는 한 사회가 나서서 개인을 통제할 권리가 없다고 주장하고 있다(Tocqueville, 1945, 재인용 Lane, 2000). 조직 구성원은 각자 자신의 이해관계에 대하여 최종적인 결정을 할 수 있는 권한이 있다는 주장도 있다(Dahl, 1985, 재인용 Lane, 2000).

서양의 개인주의를 전적으로 수용할 경우 국가나 제3자의 역할은 무의미해진다. 개인주의를 사회적 관계의 틀 속에 넣어서 해석하면, 개인의 자율은 남의 권리를 침해하지 않는 조건에서 보장되어야 한다고 할 수 있다. 행복정책의 맥락에서 '남의 권리'는 외부성의 개념으로 접근하는 것이 타당할 것이다. 사회적 관계를 전제로 하고 있는 주체로서의 나의 행동에 대한 해석은 사회적 맥락에서 이해되는 것이 필요할 것이다.

제3자(정부, 부모)가 개인의 자기결정권을 어디까지 인정하고 어디까지 간섭하는 것이 타당할까?[286] 행복정책에서는 정보의 적절성과 외부성의 개념으로 설명할 수 있다. 정보의 적절성이란 개인이 행복해지려고 하는 노력이 행복극대화 맥락에서 적절하며, 올바른 정보나 지식에 근거하고 있느냐를 보는 것이다. 대부분 사람들은 그렇지 않다는 것이 제3자 개입을 주장하는 논거이다.

예를 들어보자. 경제학에서는 재화나 서비스의 효용은 개인마다 주관적이라고 가정하여 소비행위를 통한 효용측정을 중시하고 있다.[87] 그러면, 우리는 합리적 소비자일까? 여기서 합리적이란 효용, 즉 상품으로부터의 만족도를 극대화하는 것을 의미한다. 핸드백의 사례를 통하여 우리는 소비자의 심리를 이용한 판매자의 마케팅전략에 얼마든지 휘둘려서 합리적 소비를 하지 못할 가능성이 크다는 것을 살펴보았다.[88] 즉, 현재 우리가 생각하기에 자신의 선호에 근거하는 소비행위는 최대만족을 주지 않을 개연성이 크다는 의미이다. 남을 모방하는 행위로 결국 자신이 아닌 타자의 욕망을 추구한다는 지라르의 '욕망의 삼각형' 분석 틀을 상기할 필요가 있다. 자기 삶이 아닌 남의 삶을 살고 있으니 만족도가 충일하기 어렵고 허전하게 되는 것이다.

현대인은 물질가치 지향성이 강하다. 가능하면 일을 많이 하고 돈을 많이 벌어서 많이 소비하는 것이 바람직한 현대인의 모습, 성공한

---

86) 자기결정권에 대한 가장 극단적 형태는 자기 생명에 대한 '자율적 처리 권리'라고 할 수 있다. 안락사와 자살에 대하여 자신이 아닌 가족의 역할을 강조하는 것은 사회적 관계에 속한 개인에게 허용되는 자율성의 범주에 대한 논쟁이 되고 있다(이상목, 2009).

87) 예를 들어 100만 원짜리 핸드백으로부터 느끼는 효용의 크기는 소비자마다 차이가 있다는 것이다. 구매여부 결정에 주관적으로 판단하는 효용의 크기가 적용되는 것이다. 소비자 사이에 서로 효용을 비교할 수는 없지만 같은 소비자의 경우 100만 원보다는 150만 원이 더 큰 효용의 척도가 될 수 있다고 한다. 한편 가격이 100만 원인 핸드백이 있고 역시 100만 원인 컴퓨터가 있을 때 소비자에 따라 핸드백을 사거나 컴퓨터를 사는 것은 가격이 같아도 핸드백이나 컴퓨터에 대한 효용은 소비자에 따라 다르기 때문으로 설명한다. 따라서 개인이 실현하는 구매 행위(이것을 현시 선호라고 한다)가 개인마다 가진 효용을 측정할 수 있는 수단이 될 수 있다고 주장한다.

88) 마케팅의 핵심은 소비자의 마음을 잡는 것이라 할 수 있다. 심리학이 마케팅에 적용되어 소비자의 효용을 떨어뜨리고 판매자의 이익에 기여함으로써 고가 소비와 과소비를 조장하는 것에 대한 지적이 있다(Kasser and Kanner, 2003).

현대인, 존경할 만한 현대인이라는 인식이 전체 사회에 가득하다. 이를 위하여 개인들은 경쟁을 한다. 경쟁에서 이긴 일부를 제외하고 대다수는 저소득, 비정규직, 실업, 상대적 박탈감을 겪어야 한다. 대량의 사회적 배제(social exclusion)가 발생한다. 하지만 국가와 사회는 물론이고, 심지어 자신마저도 사회적 배제를 개인의 능력문제로 제한시켜버린다. 자본주의와 상업주의에 천착한 광고와 언론이 사회구조적 문제를 개인차원으로 치환하려는 의도가 효과적으로 먹히고 있는 것이다. 더불어, 물질중심의 사회 질서에서 이해관계를 극대화하고 있는 조직과 개인들이 지속적으로 현재의 질서를 온존시키려는 노력이 성공적이라는 평가도 가능하다.

물질가치지향성은 현대인의 행복을 설명하는 핵심개념이 될 만하다. 국민의 의식이 물질가치에 빠져서 합리적인 행복추구를 하지 못하고 있다면 외부에서 역할을 하는 것이 필요할 것이다. 문제가 있을 경우 외부에서 간섭과 제어를 하는 것이 개인과 사회의 행복을 위한 적절한 방식이 될 수 있다는 주장이 가능해지는 것이다.

하지만 현실을 보면 간단하지 않다. 정책은 국민의 바람을 따르는 경향이 강하다. 물질주의 지향적인 사회분위기는 물질주의 중심적인 정책을 추구하게 된다. 민주주의 사회일수록 국민이 원하는 방향으로 정책이 움직이는 경향이 크다.[89] 현재의 시장민주주의는 시민이 행복을 추구하는 과정에서 합리적 판단을 할 수 있도록 하는 데 한계를 가지고 있다는 것이다(Lane, 2000).

개인이 적절하고 합리적인 행복찾기를 하지 못한다면 누군가 나서

---

89) 물질중시정책이 단순히 국민이 원하기 때문만은 아니다. 물질중시정책이 기득권 세력의 이해관계와 일치한다는 면도 정책이 수행되는 중요한 요건이다.

야 한다. 집단적이고 체계적이고 때로는 반강제적인 방식도 필요할 것이다. 그런 일을 할 수 있는 적임자는 정부일 것이다. 국민의 행복을 위하는 임무를 부여받고 그 임무를 원활하게 수행하기 위하여 국민으로부터 세금을 거두는 것이 국가이다.

하지만 국가는 개인의 행복에 대하여 예민하게 접근하여야 한다. 국가는 시민으로 하여금 각자 나름대로 행복을 추구하도록 하는 것이 기본원칙이 되어야 한다. 국가가 획일적으로 특정 유형의 행복을 강요하는 것은 바람직하지 않다(Ho, 2006). 국가는 개인의 행복에 영향을 주는 환경과 여건을 조성해 주고, 개인의 다양한 행복추구와 관련하여 과학적으로 증명된 정보를 적극적으로 국민에게 알릴 필요가 있다. 국민이 행복에 실제로 도움이 되는 방식으로 현명한 선택을 하도록 하는 것이 국가의 역할이다(Ng and Ho, 2006).

국가는 국민의 행복을 증진시킬 수 있는 힘을 가지고 있다.[90] 개인과 사회가 호흡을 맞출 때 개인의 행복, 사회 전체의 행복이 높아진다. 특히 제도나 정책은 사회를 바꾸는 데 너무나 중요한 수단이 된다. 소득을 기준으로 할 때 한국은 행복수준이 가장 낮은 국가에 속한다. 한국 사회가 겪은 역사적 경험의 영향이 크다고 생각한다. 1990년대 말의 외환위기를 시작으로 국민의 기본적인 생활권을 국가가 보장해주지 못한다는 사실을 절감했다. 기본적인 생존권조차 국민 스스로 알아서 해야 한다는 것을 자각한 것이다. 몇 번의 사회경제적 위기는 국민에게 확실한 학습효과를 입증시켰다.

행복은 궁극적으로 마음이고 주관적 느낌이다. 입맛과 취향을 남

---

90) 영국 수상 Cameron의 발언.

에게 강요하면 안 되듯이 행복도 각자 알아서 할 일이라는 주장도 이런 논리를 깔고 있는 것이다. 하지만 행복은 절반이 타고난 기질의 영향을 받고 나머지는 사랑, 소득, 종교, 가족, 건강, 문화, 정치, 환경 같은 후천적인 노력과 외부 조건에 달려 있다.

개인이 아무리 노력해도 행복을 높이는 것은 한계가 있다. 돈이 아무리 많고 건강해도 치안이 불안하고 사회분위기가 흉흉하다면 마음이 편할 리 없다. 더욱이 치안이나 환경과 같은 공공재는 개인 혼자 대처하기에는 구조적으로 불가능한 속성이 있다. 가장 사유재적 성격이 강해 보이는 행복이 공공재와 밀접하게 연계되는 것이다. 국가가 나서야 할 정당성과 필요성이 생기는 것이다. 국민의 행복추구권을 국가의 책무로 규정하는 것이 이런 이유이다<표 2-4>.

〈**표 2-4**〉 대한민국 헌법과 미국의 독립선언문에서 언급된 행복

<대한민국헌법 제10조>

모든 국민은 인간으로서의 존엄과 가치를 가지며, 행복을 추구할 권리를 가진다. 국가는 개인이 가지는 불가침의 기본적 인권을 확인하고 이를 보장할 의무를 진다.

<미국의 독립선언문 중에서>

우리들은 다음과 같은 사실을 자명한 진리로 받아들인다. 즉 모든 사람은 평등하게 태어났고, 창조주는 몇 개의 양도할 수 없는 권리를 부여했으며, 그 권리 중에는 생명과 자유와 행복의 추구가 있다. 이 권리를 확보하기 위하여 인류는 정부를 조직했으며, 이 정부의 정당한 권력은 인민의 동의로부터 유래하고 있는 것이다. 또 어떤 형태의 정부이든 이러한 목적을 파괴할 때에는 언제든지 정부를 개혁하거나 폐지하여 인민의 안전과 행복을 가장 효과적으로 가져올 수 있는, 그러한 원칙에 기초를 두고 그러한 형태로 기구를 갖춘 새로운 정부를 조직하는 것은 인민의 권리인 것이다.

제3장

행복정책, 개념을
바로 알자

국가가 주체가 되어 수행하는 정책은 속성상 얻는 자와 잃는 자를 동시에 만들어낸다. 현실에서 정책은 효율성과 선택의 문제가 중요하다. 적은 노력으로 사회적 행복의 총량을 높이려는 것이 행복정책에서 효율성의 문제이다. 정책의 수혜계층을 누구로 할 것인가를 불가피하게 결정하여야 하는 것이 선택의 문제이다. 올바른 선택과 효율성을 확보하기 위하여 행복정책이 가진 속성을 살펴보기로 하자.

제1절 행복정책이란?

행복정책은 행복과 관련된 사회여건과 행복추구에 필요한 개인의 역량구축을 위하여 정부가 실행하는 행정행위, 법, 제도 등 일체의 활동과 노력이라고 할 수 있다. 행복정책이란 용어는 낯선 개념이라 할 만하다. 국가 정책의 목표가 궁극적으로 국민의 안녕과 행복을 추구하는 것이라고 한다면 경제, 사회, 문화, 환경 등 모든 것을 행복정책이라 할 수 있다.[91] 군이 경제정책이나 복지정책과 구별하여 행복정책이라는 새로운 구분을 하는 것이 논리적이나 실용적으로 타당하냐에 대한 의문을 가질만하다. 포괄적 의미의 행복정책은 정책 중에서 행복정책이 아닌 것이 없다고 말하는 것과 같은 논리이다.

이 책에서는 정책이 행복에 미치는 과정이 직접적이며 행복에 미치는 영향을 정책의 집행과 평가의 중심기준으로 할 것, 그리고 이러한 내용을 정책담당자가 사전에 인지하고 있는 것을 독립적 의미의 행복정책으로 규정하고자 한다<표 3-1>. 즉, 정책을 집행하고 평가

---

91) 이러한 용어의 남발은 용어가 말하고자 하는 핵심 취지를 퇴색시켜 결론적으로 용어를 통하여 의도하는 목표 달성이 유야무야될 수 있다. 최근 이러한 사례로 녹색이라는 용어를 들 수 있다. 정치적 수사로 시작한 녹색이라는 용어는 개념과 맥락에 대한 고려도 없이 무조건적으로 결부됨으로써 녹색이 가진 의미에 대한 사회적 소통이 너무 일반화되는 부작용이 있다고 하겠다. 녹색으로 온 세상을 다 포함하려는 과대의 욕에 빠진 것이다.

를 할 때 행복을 가장 중요한 기준으로 삼는 것이 필요하다. 정책의 내용이 구체적이고 직접적으로 행복과 연계되어 있어야 한다. 이러한 사항을 정책담당자는 사전에 알고 있어야 한다. 정책이 행복에 근거하여 논리적이고 구체적으로 수립, 집행, 평가될 수 있는 정부의 행위를 행복정책으로 정의하고자 한다.

〈표 3-1〉 행복정책 성립 요건

요건 1: 정책의 집행과 평가 시 행복에 미치는 영향을 중심적인 기준으로 한다.
요건 2: 정책의 내용과 행복이 직접적으로 연계되어야 한다.
요건 3: 정책담당자는 요건 1과 요건 2에 대하여 사전에 인지하고 있어야 한다.
요건 4: 행복정책은 세 가지 요건이 동시에 만족하여야 한다.

행복정책을 위와 같이 규정하면 경제정책과의 차별성이 선명해진다. 경제정책은 돈이 중심이다. 돈의 흐름과 분배를 중심으로 정부의 정책적 역할을 수립, 진행, 평가하는 것이다. 행복은 정책 영역의 밖이거나 정책의 결과로 나타나는 여러 현상 중의 하나로 간주된다.[92] 이런 점을 감안할 때 행복정책은 돈을 중심으로 하는 경제정책과 구별된다. 행복정책에서는 돈이 개인의 행복에 주는 영향에 근거해서 정부의 역할을 강구한다. 가계의 소득 증가와 관련된 경제정책을 예로 들어보자. 일반적인 경제정책이라면 정부가 내수 진작이나 특정 부문에 대한 소비를 촉진시키려 할 경우 가계에 한 번에 돈을 지급한다. 이러한 방식이라면 가계가 느끼는 행복은 일시적이다. 경우에 따라서 정부에서 보조받은 액수에 가계가 돈을 더하여 고가의 상품을

---

92) 이런 면에서 기존의 경제정책은 경우에 따라 행복에 부정적 결과를 가져올 수도 있게 되어 행복관점에서 경제정책의 수정을 요구하는 것이 필요해질 수 있다.

사기도 한다. 가계의 부담이 늘어나고 정책 목표가 왜곡될 수 있다.[93]

이와 유사한 것으로 카풀(car-pool)정책도 있다. 기존의 정책은 카풀을 에너지 절약의 맥락에서 접근하였다. 하지만 행복정책에서 카풀에 대한 정책이 필요한 것은 에너지 절약보다 출퇴근 스트레스 저감이 중심적인 요인이 된다. 출·퇴근은 스트레스가 심한 행동이다. 출·퇴근에 따른 스트레스가 줄어드는 건 직장과 가정에 영향을 준다고 본다. 일의 생산성이 높아진다.[94] 스트레스가 적은 상태로 집에 돌아가면 가족과 즐겁게 어울리는데 긍정적 도움이 된다.[95]

행복정책 하면 가장 먼저 연상하는 것으로 복지정책이 있다. 복지정책이 사람에 초점을 맞추고 있다는 점을 생각하기 때문이다. 물론 기존의 여러 부문 정책 중에서 복지정책은 행복정책과 유사한 면이 상대적으로 높다고 할 수 있다. 현재 한국에서 복지정책은 사회적, 경제적 상태에 근거하여 정책을 수행하고 있다. 사회적 약자, 경제적 약자, 노약자, 연소자 등이 복지 정책의 주요한 대상이 되고 있다. 이들이 가진 사회, 경제적인 문제들을 해소하는 것이 복지정책이 추구하고자 하는 목표이다. 행복정책도 현상적으로 이 문제들을 해결하는 것을 목표로 하고 있다. 하지만 문제에 대한 접근이나 평가의 과정은 기존의 복지정책과 달라질 수 있다. 정책수립부터 평가까지 행복의 잣대가 적용된다는 것이다.

---

93) 정책실패의 대표적인 사례가 중국이다. 중국은 2011년 초 중국산 가전제품의 판매를 높이려고 중국의 농촌지역에 재정지원을 했으나, 실제 소비는 고가의 한국산 가전제품에 집중되었다.

94) 행복과 생산성은 관련이 깊다. 행복경영은 이러한 직장인의 행복과 일만족도의 맥락에서 경영과 관리 방안을 모색한다.

95) 피곤하면 집안 식구들과 어울리는 양과 질이 떨어지기 마련이어서 가족행복에 부정적 영향을 준다.

제2절 효율성과 형평성 동시에 가능하다

효율성은 시대적 개념이 된 듯하다. 효율성은 인간과 사회를 위하여 너무나 좋은 원칙이라고 여겨진다. 경제는 물론이고 정치, 사회, 문화 등 사회 전반에서 황금률로 존중되고 있다. 효율성은 어떤 목표를 달성하는 데 소요되는 비용이나 노력, 동일한 노력이나 비용으로 산출되는 결과물을 근거로 측정된다. 비용이 적게 들수록, 결과가 많을수록 효율성이 좋다고 한다. 투입과 산출을 비교한다. 유념할 것은 투입이나 산출이 총량개념이라는 것이다. 투입을 누가 부담하고 산출이 어떻게 분배되는 가는 효율성 논의에서 배제된다. 효율성은 투입이나 산출물과 관련된 기술이나 조건에 따라 달라진다. 그래서 효율성을 사회적 약자, 경제적 약자의 대립구도에 적용하는 것은 비판을 받아왔다. 하지만 '이왕이면 다홍치마'라고 일단 효율성을 발휘하여 산출물을 최대로 하고 분배를 잘하면 될 것 아니냐는 주장이 있다.[96]

---

96) 비용편익분석도 밑바닥에는 효율성의 개념이 깔렸다. 비용편익분석은 일과 관련된 비용을 편익과 비교하는 것이다. 비용이 더 많은 것은 밑지니까 하지 않는 것이 합리적이라는 것이다. 그 돈으로 이익이 되는 다른 일을 하는 것이 그 돈을 효율적으로 사용하는 길이기 때문이다. 편익과 비용을 총량개념으로 비교하여 손해를 보는 측에게 보상을 하여 해결하면 된다는 것이 칼도르가 주장하는 보상의 원칙이다. 즉, 산출물의 총량이 투입물보다 많으면 많을수록 이익을 본 측에서 손해를 본 사람을 보상하더라도 이익이 더 많아지니까 바람직하다는 것이다. 하지만 현실적 문제는 손해 본 만큼의 적절한 보상이 이루어지는 경우가 드물다는 것이다. 사회적 · 정치적 힘의 관계가 보상과정에 개입되는 것이 현실이다. 사회구조적으로 더욱 중요한 문제는 설혹 손해를 본 만큼 보상이 이루어지더라도 이익을 본 사람과 손해를 본 사람 사이의 상대적 빈곤감이 발생한다는 것이다.

행복정책에서 효율성은 어떤 의미를 가지는가? 정부가 존재하는 이유는 국민이 잘 먹고 마음 편하도록 하는 것, 행복하게 해주는 것이다. 이를 위하여 정부는 예산과 행정을 효율적으로 집행해야 하지만 약자를 배려하는 형평성도 신경을 써야 한다. 현재 경쟁력이 높으면 효율성도 좋기 때문에 약자와 강자의 차이가 더욱 벌어질 수밖에 없다. 그래서 정부가 조세제도나 독과점 방지 수단을 도입하여 잘 나가는 쪽을 견제하는 거다. 이런 것들이 경제의 효율성을 떨어뜨린다는 것을 알고 있지만 효율성만 내세우다가 사회자체가 분열되어 무너질 수도 있다는 것을 알기 때문이다.

경제정책을 한마디로 표현하면 효율성과 형평성 사이에서 균형과 조화[97]를 맞추는 것이라 할 수 있다. 이제 소득 분배와 관련된 효율성과 형평성을 행복맥락에서 따져보자. 이해를 쉽게 하기 위하여 정부가 국민에게 현금을 나누어 주는 방식에 따라 국민의 행복수준은 어떻게 달라지는지 가상적 상황을 상정해보았다. 이를 위하여 소득계층별로 행복을 1단위 높이는 데 필요한 소득증가액을 조사하였다 <표 3-2>. 가장 불행한 정도가 1, 가장 행복한 정도는 10이라고 가정하였다. 2006년도에 가톨릭대학교 사회과학연구소가 전국 성인을 대상으로 설문조사한 내용이다. 조사 결과는 평균 180만 원이었다 <표 3-3>. 예상대로 현재 소득수준이 높을수록 행복을 가져다줄 것으로 생각하는 액수는 커졌다. 행복을 한 단계 높일 수 있는 금액은,

---

97) 경제적인 경우에 두 가지의 속성상 효율성과 형평성은 대립의 관계가 있다는 인식이 일반적이다. 형평성에 치중하면 경쟁의 개념이 약해져서 효율성이 떨어진다는 것이다. 하지만 경쟁력이 우월하여 자신의 이해관계를 증대하는데 유리하다는 이해관계가 효율성 중시 주장으로 연결되는 측면이 강한 것이 현실이다. 효율을 강조하는 대부분은 그것이 자신의 이해관계와 맞아떨어지는 경우가 많기 때문이다. 돈이 많고 기술력이 좋은 경우가 효율이 좋게 나오기 마련이다.

가구소득이 가장 낮은 월 84만 원인 경우가 132만 원이지만, 가장 높은 508만 원 가구는 222만 원으로 올라갔다.

<표 3-2> 행복증가에 필요한 소득규모 설문

> 다른 조건들이 같을 경우, 가구의 월 소득이 지금과 비교하여 어느 정도 늘어나면 귀하가 현재 보다 한 단계 더 행복해질 것이라고 생각하십니까?

소득 증가에 따른 행복증가 규모를 알아보기 위하여 조사결과를 분석해 보자. <표 3-3>을 보면 가구소득별로 행복을 한 단위 높일 수 있다고 생각하는 액수와 현재의 행복수준이 있다. 예를 들어 월평균 가구 소득이 300만 원인 가구는 행복수준이 10점 만점에 5.9이며 소득이 198만 원이 늘어나면 행복이 6.9로 올라갈 것으로 예측된다.

<표 3-3> 소득별 행복증가에 필요한 소득규모

월평균 가구소득 (만 원)	현재 행복수준 (최저 1~최고 10)	행복상승 필요소득 (만 원/행복 1단위)	행복증가분	
			균등할당방식	효율성할당 방식
84	5.2	132	1.5	4.8
203	5.8	162	1.2	2.3
300	5.9	198	1.0	0
396	6.3	200	1.0	0
508	6.5	222	0.9	0

행복을 높이기 위한 현금배분 방식 중 첫 번째는 소득수준과 상관없이 똑같은 액수를 나누어 주는 균등할당방식이다. 정부가 1,000만 원을 가구당 200만 원씩 지급했다고 하자. 행복이 가장 많이 올라간 것은 소득이 가장 낮은 가구로, 행복이 1.5단위 증가했다.

두 번째는 효율성할당방식이다. 1,000만 원이라는 정부 예산을 가지고 대한민국의 평균행복수준을 가장 크게 올리고자 할 때 이 방식을 써먹을 수 있다. 이것은 행복을 한 단위 높이는 데 필요한 금액이 가장 적다고 대답한 가구 순으로 정부가 돈을 분배하는 것이다. 따라서 먼저 최저소득 가구에 634만 원을 분배하여 행복을 10점 만점까지 올리고 남은 액수를 행복단가가 두 번째로 낮은 가구에 할당하는 방식이다. 나머지 가구는 정부로부터 한 푼도 받지 않는다.

그러면 균등할당방식보다 효율성할당방식이 얼마나 돈을 더 효율적으로 사용했는지 위의 경우를 가지고 계산해보자. 정부가 1,000만 원이라는 예산을 균등할당방식을 적용하면 국민 행복의 전체 양이 5.7만큼 늘어나고, 효율성할당방식의 경우는 7.1만큼 늘어난다.[98] 만약 균등할당방식을 이용하여 7.1만큼 행복을 높이려면 1,250만 원의 예산이 필요한 것으로 계산된다. 균등배분을 하면 감수해야 하는 비효율이 25%가 되는 것이다.

일반 경제정책과는 다르게, 행복을 정부 정책의 평가 기준으로 하면 두 번째 방식은 효율성과 형평성을 동시에 해결할 수 있다. 효율을 25%나 확보할 수 있고 소득분배의 혜택이 저소득층에게 돌아간다. 그런데 행복을 놓고 보면 효율성 잣대가 경제적 약자에게 유리해진다.

---

98) 엄밀한 의미에서는 소득단위별로 행복증가분을 산출하여 합산하는 것이 적절할 것이다.

제3절 지속가능한 행복정책이 중요하다

정책은 국민으로부터 권력을 위임받은 정부가 수행하는 법, 행정 행위 등 제반 행위라고 할 수 있다. 행복정책의 맥락에서는 정책에 따른 이해관계의 변화 양상, 정책 영향의 시간적 변화 양상을 주목할 필요가 있다. 정책은 속성상 손해를 보는 사람과 이익을 보는 사람이 생기게 마련이다. 정책이 집행되어 전체 사회 구성원 개개인에게 주는 이익과 손해를 고려하여 정책수행의 수행 여부를 판단하는 것이다. 이 과정에서 가치판단을 회피하기가 불가피한 측면이 있다. 정책 영향이 시간 경과에 따라 어떻게 되는 가도 정책 평가에서 중요하게 다루어져야 한다. 단기적인 효과가 있으나 장기적으로 손해가 될 수 있는 정책으로 대표적인 것이 환경이나 문화재를 훼손하는 개발정책이다. 예를 들어 단기적인 이익을 위하여 온실가스 감축을 하지 않을 경우 그 부작용은 당장 없거나 이익을 볼 수 있지만, 나중에 상당한 비용이나 손해를 보게 되는 경향이 높다.

정책수혜계층과 정책효과의 시간적 변천은 서로 복합적으로 작용한다. 예를 들어 단기간의 경제적 효과를 얻으려고 경쟁력이 있는 기업에 정책특혜를 줄 경우, 경쟁력이 없는 기업들은 더욱더 경쟁력을 상실하게 되어 기업 간 양극화가 커지고 경제민주화에 걸림돌이 될 것이다. 한국의 경우 경제총량을 늘리려는 과거 수십 년간의 경제성장 정책으로 재벌육성을 하였으나 그 결과 기업 간 양극화가 심해지고, 양적 고용 창출은 구조적으로 힘들어졌으며, 대기업 자본에 대한 사회적 견제가 거의 불능상태가 되었다.[99]

행복정책은 경제, 문화, 교통 등 일반 정책과 다르게 사람을 직접적 대상으로 하는 정책이다. 때문에 정책 수행에 있어 생애 전체에 대한 영향을 고려하여야 한다. 지속가능한 행복정책이 필요한 것이다. 개인을 주체로 하는 지속가능한 행복이란 개인의 행복을 전체 생애 범위에서 고려하는 것이다. 단기간의 효과를 얻으려는 개인의 행동은 생애 전체의 행복이란 면에서 스스로 자제되어야 하고 외부적으로 제외되어야 한다. 한순간의 행복을 위하여 가진 소득을 소진하거나, 마약을 하는 것은 개인이 가진 행복자율권 이전에 지속가능한 행복이란 맥락으로 접근하는 것이 적절할 것이다.

개인이 행복을 추구하는 방식에 대한 시간적 개념과 더불어 중요한 것이 공간적 개념이다. 나의 행복이 남의 행복에 미치는 영향을 다루는 것이다. 나의 행동이 남에게 주는 영향에 대한 논의로 대표적인 것으로 외부성(externality)이 있다.[100] 외부성은 나의 행동이 타인의 효용에 긍정 또는 부정적 영향을 주었으나 그에 따른 반대급부(보상)가 이루어지지 않는 상태를 지칭한다.[101] 현실에서 외부성이 문제가 되는 것은 자신의 행동이 타인에게 부정적 영향을 주었을 때 보상 유무를 둘러싸고 발생한다. 대표적인 것이 환경오염이다. 부정적 외

---

99) 기업에 대한 정책적 영향이 축소된 것은 세계 경제에 대한 경제개방에 따라 정책수단이 대폭 대외적 영향에 놓이게 된 것도 큰 원인이다.

100) 이와 더불어 상대적 박탈감도 중요한 개념이다.

101) 외부성의 성립요건으로 보상 유무와 더불어 사전인지성을 추가하는 경우도 있다.

부성은 다양한 형태로 정책과 연계되어 있다. 예를 들어, 각종 소음문제, 오염 배출은 정부가 구체적이고 직접적으로 정책개입을 하고 있다. 흡연문제에 대한 정책개입도 외부성에 따른 정책개입으로 볼 수 있다. 흡연이 막대한 사회적 비용을 유발하기 때문이다. 예를 들어, 흡연과 관련된 의료비용은 당사자가 100% 지불하는 것이 아니고 사회공동의 부담액이 상당 부분이다. 행복맥락에서 생각할 수 있는 외부성으로 거주지역의 소득수준을 들 수 있다. 소득이 동일해도 자신보다 부자인 지역에서 사는 것이 가난한 지역에 사는 것보다 불행하다는 실증분석이 있다(Luttmer, 2005).

제4절 행복정책 추진 기구는 이렇게 하자

행복정책을 추진하는 정부 기구에 대하여 생각해 보자. 논의의 편의상 정책 단계를 수립, 집행, 조정 및 평가로 구분해 보자. 행복정책과 관련하여 두 가지 사항을 강조하고자 한다. 첫째, 행복정책을 전담하는 기구를 신설하는 것이 중요하다. 기구는 행정각부를 조정하는 기능을 수행할 수 있도록 한다. 이를 위하여 국무총리실이나 대통령 산하의 위상을 갖추게 하는 것이 중요하다. 행복전담기구를 논의할 때 중요한 기준은 행복정책 집행기능을 기존 부서(예를 들어, 기획재정부, 국토해양부, 교육과학기술부 등) 중심으로 할 것인지, 별도의 전담 부서를 신설할 것인지를 판가름하는 것이다. 행복정책은 경제, 사회, 문화, 가족 등 여러 영역과 연계되기 때문에 영역 간 조율의 문제가 중요해진다. 어느 한 쪽을 강조할 경우 다른 쪽에서 부작용이 생길 수 있다. 부처 간 업무를 조정하는 기능을 하는 것이 부처의 상급기관이라 할 수 있는 대통령 비서실이나 국무총리실이다.[102]

둘째, 전담기구는 조정을 핵심기능으로 하고 정책수립을 부차적 기능으로 하되, 집행은 가급적 행정 유관부처가 하도록 한다. 행복정

---

102) 본 분석에서는 편의상 부처의 상급단위를 국무총리실로 통일한다.

책은 집행보다 총괄과 조정의 의미가 더 강조되고 중심이 되는 것이 바람직하다. 행복정책은 기존에 시행되고 있는 정책 간의 연계성과 부작용을 점검하는 것이 중요하다.

부의 사회적 선순환 정책[103]을 수행할 경우를 보기로 하여 세 가지 형태의 정부 기구를 상정하여 보자<표 3-4>. 제1안의 경우, 정책수립은 기획재정부와 전담기구가 협의한다. 집행은 기획재정부가 하며, 평가와 조정은 전담기구가 한다. 제2안은 정책집행만 관련 부처가 하고, 정책수립, 평가와 조정은 전담기구가 하는 것이다. 2안을 1안과 비교할 때 가지는 약점은 정책집행 부서인 기획재정부가 정책수립에 관여하지 않는 관계로 정책의 취지와 의도를 집행에 적확하게 반영하지 못할 개연성이 상대적으로 높다는 것이다. 따라서 조정과 평가 과정에서 불협화음과 혼선이 발생할 수 있다. 정책수행의 일관성을 중시한다면 전담기구가 정책수립, 집행, 조정과 평가를 모두 수행하는 제3안이 가능하다. 하지만 이 경우 전담기구가 비대해지고 부서 단위와 차별성이 적어진다. 물론 이 경우 전담기구를 기획재정부처럼 부총리급 부서로 할 수 있다.[104]

행복정책 추진 기구의 형태에 대해서도 행복정책의 개념, 범주, 내역에 따라 관련되는 논의가 필요할 것이다. 본 분석에서는 정책수립과 평가 과정에서 행복정책의 의미를 뚜렷하게 반영하려면 정책집행은 관련 부서가 하는 것이 행정의 효율성을 확보할 수 있다는 판단에

---

103) 이 정책에 대해서는 이 책의 후반부에서 자세히 다루어진다.

104) 이 외에 행복정책을 전담하는 장관급 부서를 신설하는 안도 가능하다. 업무가 타부서와 연계, 중복된다는 의미에서 현재의 환경부와 유사한 형태가 될 것이다. 하지만 행복을 다루는 기구가 장관급 부서가 될 경우 기존의 영향력이 강한 경제부처와의 관계 속에서 행복정책을 원활하게 수행할 가능성이 떨어질 것으로 예측된다.

서 제1안이 2안과 3안보다 적극적으로 고려되는 것이 필요하다는 견
해이다.

〈표 3-4〉 부의 사회적 선순환을 위한 행복정책 추진 기구 형태

부의 사회적 선순환 정책의 사례	수립	집행	조정 및 평가
제1안	기획재정부, 행복전담부서	기획재정부	행복전담부서
제2안	행복전담부서	기획재정부	행복전담부서
제3안	행복전담부서	행복전담부서	행복전담부서

제5절 행복정책, 세계는 지금

지난 상당기간 동안 정치가 추구했던 실질적 목표는 국내총생산 (GDP)이라는 경제성장을 확대하는 것 이상을 넘어서지 않았다고 할 만하다. 정치의 본령이 국민의 행복증진이라는 명제에 대하여는 피상적으로 동의하지만 정책의 영역에서 행복을 구체적으로 적용하려는 시도는 아직까지 낯설다고 하겠다. 이전까지 국제사회에서 존재감을 전혀 인정받지 못했던 인구 70만이 안 되는 부탄이라는 산악형 도시국가에서 국내총생산 대신 국민총행복(GNH, gross national happiness)을 정치의 목표로 들고 나왔을 때 세계는 신선한 충격을 받을 수밖에 없었다. 태국, 프랑스의 사르코지 정권, 일본 등 이제 행복정책이 정책의 영역에서 구체적이고 비중 있는 역할을 하는 조짐이 보이고 있다.

1. 구호뿐인 한국

행복은 정치적 맥락에서 수없이 거론되고 있다. '행복도시', '행복정책' 등 상당수의 지역에서 행복을 정치적이고 행정적인 수사로 내세우고 있다. 기존의 행정이나 정책에 행복이라는 이름을 기계적으로 붙인 것이 대부분이다.

현재까지 정부적 차원에서 행복지수를 개발하거나 행복을 주제로 한 구체적 움직임은 없는 것으로 파악된다. 정부출연 연구기관의 연구 보고서 중 한국인의 행복수준을 향상할 수 있는 방안으로 다음과 같은 제안 사항이 눈에 띈다(김승권 외, 2008).

① 인간다운 문화적 생활에 필요한 소득을 획득하기 위한 안정적이고 괜찮은 일자리 개발과 제공이 적극 이루어져야 한다.
② 가족정책을 강화하여 가족의 안정을 도모하고, 가족응집력을 강화하며, 위기가족의 발생요인을 제거하는 데 정책을 집중시켜야 한다.
③ 출산 및 자녀 양육으로부터의 가계부담을 경감하기 위한 사회적 지원이 강화되어야 한다.
④ 국민의 건강을 증진시킬 수 있는 정책개발이 강화되고, 질병으로부터 국민을 보호할 수 있도록 의료보장이 보다 강화될 필요가 있다.

2. 대통령보고서 펴낸 프랑스

'우리가 경제성과의 측정 방식을 바꾸지 않는 한 우리의 행동은 바뀌지 않는다.' 이것은 프랑스 사르코지 대통령이 국가운영의 중요 지표로 존중되던 국내총생산(GDP)에 대한 문제점을 분석하고 대안지표로 웰빙과 지속가능성 관련 지표를 연구하는 위원회[105]를 발족시킨 기본 취지이다. 2008년 2월 대통령의 요청으로 세계적 수준의 학자들로 구성된 위원회는 2009년 9월 보고서를 발표하였다(조지프 스티글리츠 외, 2011). 위원회는 GDP를 중심으로 사회운영 성과를 평가하는 것에 따른 문제점, 지속가능성과 환경, 삶의 질이라는 세 가지 주제를

---

105) Commission on the Measurement of Economic Performance and Social Progress

다루었다.

　보고서는 GDP와 같은 생산중심적인 계량방식을 행복맥락으로 바꾸어, 사회적 진보를 광범위하게 포함하는 계량체계를 구축하는 논리를 제공하고자 기획되었다. 국민의 행복을 높이고 사회발전을 촉진하는 정책을 설계, 집행, 평가하는 데 있어 올바른 정보와 지표가 필요함을 각성시키고 이에 대한 노력과 투자가 필요함을 강조하였다. 하지만 현재의 모습은 그렇지 못한 점에 대하여 지적하면서 다음과 같은 주장을 하였다.

- 상대적 소득변화와 평균소득변화를 동시에 보아야 한다.
- 일인당 국내총생산과 같은 평균소득이 올랐다고 해도 상대적 소득변화가 발생할 경우 대부분 사람들은 생활이 더 어려워졌다고 느낄 수 있다. 평균에 대하여 이야기하는 것은 불평등에 대한 이야기를 회피하는 방법 중의 하나이다.
- GDP 통계는 행복과 직결되는 사회적 현상을 제대로 잡아내지 못한다. 예를 들어 교통체증이 발생하면 휘발유 소비가 늘어난다. 이것은 통계적으로 GDP 증가로 잡히지만 맑은 공기 맥락에서 삶의 질에 부정적 영향을 주는 것이다. 휘발유 사용에 따른 GDP 증가와 공기오염을 모두 고려하는 것이 행복 측정에 필요하다.

위와 같은 문제점을 반영하여 보고서는 다음과 같은 제안을 하고 있다.

- 경제활동 측정방식이 현대 경제체제의 구조적 변화를 더 잘 반영할 수 있도록 진화해야 한다. 재화와 서비스는 양보다 질을 중

심으로 평가하는 것이 더욱 중요해지고 있다. 예를 들어 의료서비스의 경우 의료행위 횟수보다 의사의 수를 중심으로 통계가 잡히고 있다. 서비스 활동이 국민 경제와 행복에서 차지하는 비중이 늘어가는 경향을 감안할 때 질적 변화를 반영하는 통계 시스템 구축이 필요하다.106)

- 국가 계량시스템의 중심을 경제적 생산에서 행복으로 이동하여야 한다. 행복의 측정은 지속가능성의 맥락에서 이루어져야 한다. 구체적으로 다음과 같은 사항에 신경을 쓸 필요가 있다.

① 행복에 영향을 주는 경제 항목을 평가할 때 생산보다는 소득과 소비에 주목한다.
② 국내총생산변동보다 가계소득과 가계소비의 움직임에 유의한다.
③ 지속가능성 관점에서 소득과 소비[flow]는 재산[stock]과 함께 고려한다.
④ 소득, 소비, 재산은 평균보다 분배의 관점에서 접근한다.
⑤ 비시장재적 행위(가계 노동, 여가)를 소득측정의 범주에 포함한다.
⑥ 삶의 질은 사람들의 객관적인 조건과 능력에 달려 있다. 건강, 교육, 개인행위들, 환경을 개선하기 위한 노력이 삶의 질 개선을 위하여 필요하다. 특히 삶의 만족도를 보여주는 사회관계, 정치적 견해, 불안정성에 대한 지표들을 개발하고 시행하기 위하여 노력해야 한다.
⑦ 삶의 질 지표는 포괄적인 맥락으로 불평등성을 평가해야 한다.
⑧ 삶의 질은 다양한 요소들의 영향을 받는다. 이 요소들 사이의 연계성을 고려하여 정책을 수행하여야 한다.
⑨ 통계청은 삶의 질에 대하여 여러 영역에 걸쳐 종합적인 정보를 제공하고, 이에 근거하여 다양한 지표들을 구성한다.
⑩ 통계청은 사람들이 자신의 삶을 어떻게 평가하고 있는지, 물질적 욕구는 어떻게 충족하고 있는지, 삶의 우선순위는 어떻게 매

---

106) 예를 들어, 공공서비스를 중심으로 하는 행정행위에 대한 평가시스템에 질적 접근이 중요하다. 공공서비스는 민간경제와 다르게 가격이 없기 때문에 매출액이나 영업이익으로 평가하기 어려운 구조적 문제가 있다.

기고 있는지를 파악하는 것이 필요하다.

⑪ 지속가능성을 측정하기 위해서 미래의 행복에 영향을 미치는
요소들의 수량적 변화에 대한 정보가 필요하다. 천연자원, 인적
자본, 사회적 자본, 물리적 자본의 보존 상태나 변동사항에 대
한 정보가 중요하다.

⑫ 지속가능성에 대한 환경요소들을 파악하기 위해서는 물질 지표
뿐만 아니라, 기후변화, 어종 변화 같은 환경훼손에 대한 정보
를 알아야 한다.

3. 국민총행복 부탄

부탄의 3대 국왕(Jigme Dorji Wangchuck)이 1952년 국가 발전의 목
표는 국민을 풍요롭고 행복하게 하는 데 있다고 천명하였다. 이러한
국정기조에 근거하여 부탄은 경제개발보다 사회나 문화를 강조하는
국가 운영 전략을 이끌어 오고 있다(Vujay Kumar Shrotryia, 2006). 부탄
은 국내총생산으로 대표되는 경제성장의 중요성을 인정하고 있으나
개발의 제일목표를 삶의 질 개선에 두고 있다.

국민총행복(GNH, gross national happiness)이라는 용어는 부탄의 4대
국왕(Jigme Singye Wangchuck)이 1972년 공표한 국정지표이다. GNH는
한 국가의 국민이 자신들의 삶에 대하여 느끼는 즐거움의 총량으로,
화폐가치로 따지는 재화와 서비스 가치의 합을 지칭하는 국민총생산
(GNP, gross national product)과 비교되는 개념이다.[107] GNP는 GNH를
증진시키는 수단으로 인식하는 것이 중요하다. 따라서 국가 개발 계
획에서 GNP를 수단으로 활용하여 GNH라는 궁극적인 목표를 높이

---

107) 부탄 같은 폐쇄형산악국가가 아닌 개방의 정도가 높은 국가에서는 국적을 기준으로 하는 GN(national)P
보다 지역을 기준으로 하는 GD(domestic)P가 경제논의에서 선호되고 있다고 할 수 있다. 따라서 GDP에
대응되는 개념은 GNH보다 GDH(국내총행복)로 하는 것이 더 적절할 것이다.

도록 하는 것이 필요하다. 행복은 좋은 개발과 좋은 사회의 징표이다.

부탄은 정책 결정과정에 공중의 참여, 숙의, 토론을 활성화시키기 위하여 입헌군주제로의 헌법을 2008년에 도입하였다. 5대 국왕(Jigme Khesar Namgyel Wangchuck)은 사회, 경제, 정치적 변화의 궁극적 목표는 GNH의 향상이라는 점을 강조하였다. 그는 2006년에 GNH 향상을 재임기간에 추구할 4대 중요 책무 중의 하나로 천명하고, 2008년 왕위 즉위식에서 GNH지수를 국정과제로 채택하였다. GNH지수는 부탄 정부의 요청에 따라 부탄학센터(The Centre for Bhutan Studies)[108]에서 개발되었다.

GNH는 행복에 대하여 다음과 같은 인식을 가지고 있다. 행복은 주관적으로 느끼는 공공재이다. 그러므로 행복추구를 개인만의 노력에 맡기는 것은 정부의 책임을 방기하는 것이 된다. 정부는 행복해지려는 국민의 노력이 결실을 맺도록 여건 조성에 힘을 써야 한다. 행복이 가지고 있는 공공재적인 특성을 감안할 때 정부는 공공행복 개념을 국민이 인식하도록 하는 것이 중요하다.

GNH지수는 다음과 같은 9개의 부문으로 구성된다.

- 심리적 평안함
- 시간 사용
- 공동체 활력
- 문화
- 건강
- 교육

---

108) http://grossnationalhappiness.com/

- 환경다양성
- 생활수준
- 거버넌스

각 부문은 하부단위 항목으로 구분되며 각 하부항목에 대하여 설문을 한다. 심리적 평안함에 대한 예를 들어보면 다음과 같다<표 3-5>.

〈표 3-5〉 부탄의 행복지수 평가 사례

부문	하부항목	설문
심리적 평안함	명상 빈도	당신은 얼마나 자주 명상을 하십니까? 1) 매일 2) 때때로 3) 전혀 하지 않는다

GNH를 정책에 대한 감독과 평가의 유일한 기준으로 적용하고 있다 (Shrotryia, 2006). 정책영향 평가 항목은 형평성, 안전, 오염, 건강, 부패, 문화 등 23개로 구별된다. 각 항목은 4단계(부정적, 불확실, 중립, 긍정적)로 평가된다. 예를 들어 생물다양성에 대한 평가는 다음과 같다.

- 야생의 건강과 다양성을 감소시킬 수 있다.
- 야생에 영향을 주는지 알 수 없다.
- 야생의 건강과 다양성에 거의 영향이 없을 것이다.
- 야생의 건강과 다양성을 증가시킬 수 있다.

4. 연구회 발족한 일본

2010년 6월, 일본 내각회의는 '신성장전략'에 명시되어 있는 새로운 성장 혹은 행복도에 관련한 연구조사를 촉진하기로 결의하였다. 12월에 지식인 및 학자들을 중심으로 '행복도에 관련된 연구회'가 발족되었다. 현 내각은 이미 2008년도 국민생활백서에서 '국민의 행복도'라는 항목을 포함시켜 국민소득과 행복도의 관계를 분석하여 설명한 바가 있다. 이 백서에서 내각은 "경제성장이 일본국민의 생활전반에 대한 만족도에 더 이상 긍정적인 영향을 미치지 못하게 되었다"라고 지적하고 있다. 연구회의 첫 번째 회의에서 내각이 준비한 자료인 '행복도에 관련된 경제학의 연구동향에 관해서'에서 "소득이 상승해도 개인의 주관적 행복감은 크게 변화하지 않거나 저하되고 있다"고 밝히고 있다<그림 3-1>.

'행복도에 관련된 연구회'는 GDP 등 기존의 경제지표만으로는 측정 불가능한 '행복도'의 지표를 책정하는 것을 목표로 한다. 즉, 경제지표로는 파악할 수 없는 가족구성원들과의 유대, 건강, 사회와의 관계 등 개인의 행복과 연관된 분야들에 대해 새로운 지표를 만들어 정책의 입안이나 평가에 활용하고자 하는 것이다.

<그림 3-1> 일본의 일인당 국민소득과 행복수준에 대한 연도별 추세

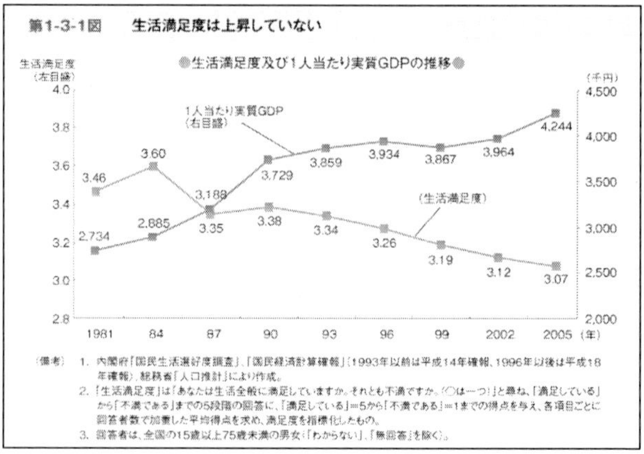

출처: 일본내각부, 2008년도 국민생활백서

5. 중도경제 태국

태국 국왕(His Majesty King Bhumibol Adulyadej)은 1997년과 1998년 경제위기에 대한 타개책으로 중도의 경제[Sufficiency Economy]라는 국정철학을 제시하였다. 이 개념은 개인, 가족, 지역, 국가를 포괄하는 전 분야에 대하여 적용되고 있다.

제시된 국정철학은 중도(middle path)로 이해되고 있는데 국제금융위기를 겪은 태국이 지속가능한 생존을 위한 기조를 제시한 것으로 볼 수 있다. 이 국정철학은 세계화와 자본주의가 시대적 대세임을 인정하지만 세계 경제 체제의 불안정과 불확실성으로 인하여 세계체제에 무방비로 흡수되는 것은 국가 생존에 치명적이라는 기본인식을 깔고 있다. 따라서 생존에 필요한 기본적인 소비를 충족시키는(sufficient) 선에서 국가와 경제를 운영하는 것이 필요하다는 발상이라고 하겠다.

위험(risk)과 충격에 대한 사전예방과 보험의 개념을 국정운영에 반영하여 위기가 오더라도 회복가능한 사회체제를 구축하자는 것이다. 그것이 지속가능한 행복을 구현하는 현명한 방식이라는 것이다. 구체적으로 다음과 같은 내용을 골자로 하고 있다.

중도의 경제 철학은 절제(moderation), 합리성(reasonableness), 자각과 성찰 (self-awareness)을 기본 요소로 삼고 있으며, 이것을 구현하기 위한 기본 조건으로 실용적인 수단인 지식(knowledge)과 정신적 가치인 덕(virtues)을 내세우고 있다. 국정철학을 수행하기 위하여 정신문화를 강조한다. 특히 공무원, 학자, 기업인들에게 성실하고 솔직해야 하며, 인내와 관용(forbearance), 근면(diligence), 합리성(reasonableness), 자각과 성찰(self-awareness), 총명함(intelligence), 신중함(attentiveness)의 중요성을 강조한다. 또한 사회와 남에게 피해를 주는 개인의 소비 행위는 자제되어야 한다는 점을 지적한다. 나의 행위가 상대적 위화감을 조장하는 점을 인식한다면 소비에 대한 욕구가 줄어들고 지나친 소비와 경쟁이 줄어들어 세상이 행복해질 것이라는 것이다.

중도의 경제를 강조하는 국정철학은 국정 전반에 반영되고 있는데 빈곤탈피, 경제위기의 예방 및 대처, 반부패, 기업의 사회적 책임을 주요한 목표로 하고 있다. 중도경제라는 국정지표를 정책에 적용하는 방식으로 다음과 같은 것들이 있다.

  - 중도 경제가 추구하는 핵심목표는 빈곤완화와 빈곤층의 경제적 취약성을 감소시키는 것이다. 이를 위하여 다음과 같은 세부 정책을 시행한다.
  • 지역의 자립역량을 구축하여 빈곤타파를 가능하도록 한다.
  • 정부가 소유하고 있는 불용토지를 토지가 부족한 가난한 국민에

게 제공한다.

- 1997년 헌법에 근거하여 지역의 산림자원에 대하여 지역이 관할권을 행사하도록 한다.
- 개발은 정치적 이해관계에 편중하지 말고 실제적 필요성이 있는 곳에 창의적으로 시행한다.

- 중도경제는 지역공동체에게 권한을 부여하고 지역공동체로 하여금 지역경제의 중심역할을 하도록 한다. 이를 위하여 다음과 같은 세부 정책을 시행한다.
- 도시와 농촌지역 공동체가 자조적이고 지속가능한 경제활동에 필요한 역량을 구축하도록 한다.
- 지역공동체의 재정관리 능력을 강화하고 마을단위의 기금을 지역은행에 예치하여 저축을 증대하는 방식에 대한 타당성 검토를 하게 한다.
- 지방정부에 대한 지역공동체의 참여기회를 보장한다.
- 모범적인 지역공동체의 사례를 공유하도록 한다.
- 지역 공동체의 자체 능력을 강화하여 모든 지역공동체 구성원들이 원하는 내용을 수용할 수 있는 정치 체제를 마련한다.
- 중도경제원칙에서 제시하고 있는 기업의 사회적 책임의 일환으로 기업으로 하여금 지역공동체 프로젝트를 지원하도록 권장한다.

- 중도경제는 기업의 사회적 책임을 강화하여 경쟁 환경에서 장기적인 수익성 확보가 가능한 여건을 확보하도록 한다. 이를 위하여 다음과 같은 세부 정책을 시행한다.

- 중도경제원칙을 기업의 임원들에게 주지시키는 한편, 주식거래 소가 규정하고 있는 기업경영원칙에 반영되도록 한다.
- 주요 기업단체가 회원사에게 중도경제원칙을 홍보하도록 한다.
- 중도경제원칙을 활용하여 기업과 지역사회 모두 이익을 본 기업 의 사례를 널리 홍보하도록 한다.
- 기업이 사회적 프로젝트를 수행할 때 중도경제원칙에 동조할 수 있도록 자문을 수행한다.

- 공공행정에서의 거버넌스 기준을 제고하는 데 있어 중도원칙은 관 건적 역할을 한다. 이를 위하여 다음과 같은 세부 정책을 시행한다.
- 공무원의 부패와 정치적 비행을 감시하는 기구들이 제대로 활동 할 수 있는 방식을 모색한다.
- 행정부서와 공무원을 평가하는 성과지표에 중도경제원칙을 연계 한다.
- 공공행정과 관련된 의사결정과 추진과정을 감독하는데 중도경제 원칙을 접맥할 수 있도록 한다.
- 시민으로 하여금 정보접근을 강화하도록 정보공개법을 개편한다.

- 중도경제는 경제적 충격에 대비하고 형평성 강화와 지속가능한 성장을 목표로 하는 거시경제정책 전략수립에서 지침 역할을 할 수 있다. 이를 위하여 다음과 같은 세부 정책을 시행한다.
- 태국의 10차 계획에 중도경제 개념과 계획수립에 기여한 모든 열 망이 반영되도록 한다.
- 국내저축률 하락을 역전시킬 수 있는 정책을 수립하여 자본에

대한 자립능력을 강화하고 가계로 하여금 미래에 대한 준비를
충일하게 한다.

- 대체연료에 대한 연구를 촉진하고 에너지 효율화를 모색하여 에
너지 자급도를 제고하는 정책을 추진한다.
- 중도경제원칙에 부합하는 효율적이고 지속가능한 보편적 의료체
계 개발을 촉진한다.

- 중도사고는 인간 발전의 향상에 필요한 인간가치에 대한 사고의
틀을 획기적으로 변환하는 것을 필요로 한다. 이를 위하여 다음
과 같은 세부 정책을 시행한다.
- 중도경제를 성공적으로 수행하기 위한 핵심 선제조건은 지식과
성실성을 구현하는 것이다. 이를 위하여 교육의 내용과 교수 방
법을 제고하여 교육의 질을 향상하는 것이 필요하다.
- 중도의 원칙을 학교관리와 행정에 포괄적으로 적용한다.
- 평생교육과 밀접한 관련이 있는 비제도권 교육기관에 대한 지원
을 강화한다.
- 사회적 내용과 공공의 참여를 다루는 대중매체 프로그램에 중도
사고를 적극 반영하는 방안을 모색한다.
- 중도경제와 관련된 지역공동체, 기업, 공공부문의 인사들, 중도
경제 지도자와 모범적 실행자에 대한 사회적 홍보를 추진한다.

제4장

행복정책,
이렇게 하자

제1절 행복인프라

1. 행복인프라 정책의 취지 및 배경

사람마다 생각이 다르듯이 동일한 대상에 대하여 부여하는 가치의 크기도 다르기 마련이다. 자신이 처한 형편에 따라 동일한 대상에 대한 만족도도 다를 수밖에 없다. 하지만 주관적이고 다양함 속에서도 행복과 관련되어 사회적으로 수긍되는 사항들이 있다. 행복에 영향을 주는 외부적 요건들과 행복수준과의 관계에 대한 내용이다. 다른 조건이 동일하다면,[109] 소득 수준, 건강 상태, 쾌적한 자연환경은 행복수준과 비례한다. 경쟁과 비교는 일정 정도 필요하지만 정도가 지나

---

109) 여기서 다른 조건이 동일하다는 점에 주목할 필요가 있다. 예를 들어 행복에 영향을 주는 요소들은 서로 상충될 수 있기 때문이다. 하나를 얻으려면 하나를 희생해야 하는 경향이 있는 것이다. 때문에 행복극대화를 위해서는 행복에 영향을 주는 여러 요소를 동시에 총체적으로 고려하는 것이 중요하다.

치면 행복에 손해가 된다. 따라서 정책 개입에 앞서 행복에 영향을 주는 요소들이 현재 사회적 맥락에서 부족한지, 적절한지, 과잉인지를 파악하는 것이 중요하다.[110]

행복정책을 수행하는 핵심은 행복에 영향을 주는 외부여건에 대하여 국민이 접근하고 이용할 수 있는 여건을 국가가 주체가 되어 조성하자는 것이다. 행복은 사람마다 다양하기 때문에 소득, 건강, 교육 같은 행복결정인자에 대한 필요도 다양하기 마련이다. 국가가 구체적인 행복결정인자를 국민에게 직접적으로 배분하거나 제시하는 것은 획일화의 위험에 빠질 수 있다. 이것은 마치 경제만 성장하면 자동으로 행복해진다는 성장만능주의와 똑같은 오류에 빠지는 것이다.[111] 그러므로 행복정책은 국민에게 행복결정인자와 행복찾기에 대한 올바른 정보를 알려주고 선택의 여부는 국민의 뜻에 따르는 것이 중요하다.

국가는 국민이 행복을 극대화하고 효율적으로 행복구현이 가능하도록 사회적으로 행복여건을 조성하는 것이 필요하다.[112] 이렇게 역량을 구축하고 여건을 조성하는 것을 행복인프라라고 할 수 있다.[113] 즉, 행복정책에는 국가가 행복인프라를 공급하는 것이 주요한 기능이 된다.[114] 국민들은 헌법에 보장된 행복추구권(제10조)을 요구할 권리가

---

110) 이 과정은 일종의 사회적 합의 형태로 결정되는 경우가 많다. 예를 들어 교육정책의 경우 경쟁과 비교는 이미 적정수준을 넘었기 때문에 경쟁과 비교를 조장하는 등수와 성적 중심의 교육은 행복에 도움이 되지 않는다는 전제를 할 수 있을 것이다.

111) 여기서 주의할 것은, 사회가 경제성장에만 몰입할 경우 환경, 사회적 관계, 신뢰, 건강 등에 문제가 생기고 물질가치가 사회에 팽배하게 되어 소득은 오르지만 사회적 행복은 제자리이거나 떨어질 수 있게 되기 때문이다. 소득수준은 올라가는데 행복은 따라붙지 못하는 현상(이것을 이스털린의 역설이라고 한다)에서부터 행복경제학이 시작되었다고 할 수 있다.

112) 국가가 국민으로 하여금 행복 자체가 아닌 행복 관련 인자들에 대한 접근과 이용할 수 있는 역량을 구축하는 방식은 센(Sen)의 역량접근(capability approach)과 유사하다(Sen, 1985).

113) 인프라는 infrastructure의 준말로 사회, 기업, 조직이 운영되는 데 필요한 구조를 지칭한다. 통상 사회나 국가를 대상으로 하는 인프라를 사회간접자본(social overhead capital)이라고 한다. 도로, 교량, 항만 등이 여기에 속한다.

있으며 국가는 국민의 행복증진을 위하여 행복인프라를 공급해야 하는 의무가 있는 것이다. 성장 중심의 정책, 이익 중심의 정책은 경제가 위기일 경우에 국민 행복에 치명적인 영향을 미칠 수 있다(Ho, 2011).

2. 행복인프라 관련 정책 제안

1) 생애주기별 맞춤행복정책 수립

행복은 변한다. 같은 사람이라도 연령과 맥락에 따라 행복하게 하는 요건들이 달라지는 속성이 있다. 이런 변동성을 고려하여 생애주기별 개념에 근거한 대응이 필요하다. 행복정책도 대상과 계층의 행복 특성에 따른 맞춤형 접근이 필요할 것이다.

예를 들어 행복에 중요한 요건을 건강, 소득, 환경, 사회적 관계, 일자리, 여가활동이라고 가정하자. 개인의 경우 연령에 따라 위의 요건과 행복과의 관계가 다르다고 할 수 있다. 노령층일수록 상대적으로 건강, 사회적 관계, 환경이 중요할 수 있다. 중장년은 일자리와 소득이 행복결정에 중요한 역할을 하는 경향이 크다. 관련된 정책으로 다음과 같은 것을 고려해 볼 만하다.

- 국가는 개인의 생애주기에 따른 적절한 행복정책을 시행한다. 제도교육, 평생교육, 사회보험 정책을 생애주기별 행복정책과 연계시킨다. 복지정책, 가족정책을 개인과 가족단위의 생애주기별 행복정책의 맥락에서 진단, 분석하여 올바른 정보와 대응책을 제공하도록 한다. 구체적으로,

---

114) 행복인프라는 국가가 공급의 주체가 되는 일종의 공공재라고 이해할 수 있다. 물론 공공재의 경우와 마찬가지로 행복인프라의 공급주체가 국가에 한정되는 것은 아니다.

- 보건 서비스, 일자리 창출, 소득 지원, 사회적 관계 형성 지원 프로그램 등을 필요에 맞게 배분하는 계획을 수립한다.
- 자녀와 부모의 관계, 청소년, 장년층에 대한 심리적 건강을 진단하고 치유하는 프로그램을 수행한다.
- 노령층이 사회관계망에 포함되도록 하여 사회에 대한 소속감을 가지도록 한다. 이 경우 직접적이고 공식적인 방식이 아닌 우회적이고 자율적인 형태를 가지도록 한다. 사회단체나 사회적 기업을 중심으로 이러한 기능을 수행하도록 하며, 정부는 이들 기구에 대한 지원을 한다.

2) 행복최저 요건 설정

정책의 초점을 생존에서 행복으로 전환하는 것이 필요하다. 이제 물리적 생존을 강조하고 내세우는 시대는 의미를 점차 잃어가고 있다. 100세 수명이 거론될 때마다 노후에 어떻게 살 것인가에 대한 걱정스러운 관심이 따라붙는다. 경제수준이 높아질수록 성장 수준은 점차 감소하는 것이 불가피하다. 선진국 경제의 경우 연평균 성장률이 5%를 넘는 것은 대단한 행운이다. 장기적으로 3% 안팎이다.

한국 경제는 선진국들의 역사적 경로보다 빠르게 저성장 경로에 접어들 가능성이 커 보인다. 세계적 경제 침체의 영향을 피할 수 없기 때문이다. 경제 성장이 일정 정도 뒷받침된다면 웬만한 사회문제는 돈으로 해결이 가능할 수 있다. 경제적 희망을 내세워 사회적 불만이나 갈등을 봉합하는 방식이 상당 기간 효력을 발휘해 온 것도 사실이다.

정치권은 경제문제를 해결하겠다고 하고 유권자는 경제가 나빠지면 정권을 갈아치우곤 했다. 최근 유럽에서 벌어지고 있는 정권 교체도 이러한 양상이다. 하지만 이러한 현상이 지속될 가능성은 높아 보이지 않는다. 이러한 배경과 추세를 반영하여 행복경제와 행복정책에 대한 사회정치적 관심이 증대되고 있다. 경제성장과 이에 따른 물질소비를 전제로 하는 지금까지의 사회운영전략이 현실적으로 타당한가에 대한 검토가 필요하다. 회복 가능성이 희박한 저성장시대는 곧 성장이라는 양(quantity)에 전적으로 근거한 사회운영전략의 쇠퇴를 의미한다. 양적 변화를 받아들이면서 질(quality)적 삶을 모색해야 하는 이중의 지혜가 필요한 시대가 오고 있는 것이다.

최저생계비에서 최저행복요건으로 전환하는 것이다. 최저생계비가 삶에 대한 양적 접근이라면 최저행복요건은 양과 질을 혼용한 방식이다.[115] 최저행복요건은 최저생계비 개념을 포함하되 반드시 최저생계비에서 제기하는 화폐적 가치보다 높은 수준의 소득을 전제로 하고 있는 것이 아니다. 최저생계비로 대표되는 경제적 요건뿐만 아니라 사회적 관계, 사회적 배제, 소통, 문화와 같은 비화폐적인 질적 개념을 중시하는 개념으로 이해하면 된다. 관련된 정책으로 다음과 같은 것을 고려해 볼 만하다.

- 국가는 경제성장을 전제로 하는 화폐가치 중심적인 기존의 국가 운영전략이 현실적으로 어느 정도 실현가능성이 있는지에 대하여 신중하게 검토하여 대안을 모색한다. 정책의 무게 중심을 물리적인 생존에서 삶의 질로 이동한다.
- 이를 위하여 경제, 사회, 문화, 가족, 교육 등 각 부문에 대하여

---

115) 유사한 개념으로 QALY(quality-adjusted life year)가 있다. QALY는 물리적 생존기간에 질적 개념(주로 질병 같은 의학적 요인)을 반영할 경우에 소요되는 비용을 감안하여 전 생애 기간 동안 행복의 극대화를 추구하고자 하는 발상에서 나온 개념이다.

최소한의 삶의 질을 가능하게 하는 행복최저 요건을 설정하여 경제, 복지, 문화 등 각종 정책의 기본 지침으로 적용한다.

3) 통계시스템 구축

국가 정책은 시민들로 하여금 지속가능한 행복을 확보하고 증진시키는 데 기여함을 궁극적 목적으로 한다. 소비와 소득이 증가하면 행복도 저절로 올라간다는 것은 사실이 아님이 증명되고 있다. 경제성장의 단계에 따라 소득과 행복의 관계는 차이를 보이고 있다. 실증분석에 근거하면 절대적 궁핍의 사회에서는 경제성장이 행복에 직접적으로 효과를 미친다. 가난한 사회에서는 돈이 곧 행복이 되는 경향이 강하다. 개인 간의 비교 현상도 적다.

하지만 일인당 국민소득이 일정 정도(2만 달러 이상)가 되면 소득증가에 따른 행복증가는 아주 약하거나 불확실해지며, 상대적 비교 현상이 중요해진다. 경제는 행복에 영향을 미치는 여러 가지 요소 중의 하나이다. 소득이 증가하여 생활에 필요한 기본적인 물적 토대가 가능해지면 사회적인 소득증가에 따른 행복증가의 정도가 점차 떨어지는 한계행복체감 현상이 나타난다. 경우에 따라서는 소득증가와 행복과의 관계가 불명확해지는 경우도 있다. 이것은 소득을 증가시키는 과정에서 포기해야 하는 사회적 관계, 건강, 가족관계, 상대적 소득효과가 복합적으로 영향을 주기 때문이다. 특히 소득이 높아질수록 남과의 비교에 점점 민감해진다는 점은 유의할 필요가 크다. 이 지점이 무한경쟁과 무한비교가 사회적으로 촉발되는 계기로 작용하는 것이다.

현재 경제성장을 사회발전과 동일시하는 경향이 높다. 시장에서 거래되는 화폐가치를 이용한 국민총생산은 경제성장을 측정하는 잣대로 인식되고 있다. 국민총생산은 환경자산가치 감소 같은 항목을 산출과정에 반영하지 못하고 있는 한계가 있다. 예를 들어 노동자가 과로를 하여 병원에 입원하는 것이 적당량 근무를 하는 것보다 국민 총생산량을 높이는 데 도움이 되는 것이 국민총생산 산출 방식이다. 생산량, 임금, 치료비가 증가하기 때문이다. 채광이나 준설을 하면 가치 있는 자원이 없어지지만 국민총생산계정에서는 자원소멸은 반영되지 않고 자원판매에 따른 이익만 인정된다.[116)

화폐가치 추구를 중심으로 하는 개인 사이의 경쟁이 치열한 상황에서 국가와 사회는 행복정책인프라 구축에 힘써야 한다. 국가에서 행복을 명시적이고 직접적으로 강조하는 것은 사회분위기, 문화, 제도 형성에 다양한 방식을 통하여 의미 있는 영향을 준다고 할 수 있다.[117) 현재 한국은 헌법 제10조에서 행복추구권을 제시하고 있으나 사법적 판단의 근거로 주로 활용되고 있는 상황이다. 관련된 정책으로 다음과 같은 것을 고려해 볼 만하다.

- 국가는 정책목표와 평가에서 경제성장지표(경제성장률, 소득, 부동산 가격, 주식시세 등)와 행복지표를 동등한 비중으로 중요시한다는 것을 국정지표, 대국민선언 등 다양한 형태로 천명한다. 경제와 행복에 대하여 정치권이 목표를 제시하고 시민이 평가해 줄 것을 공약한다.
- 이를 위하여 각종 사회, 경제, 복지 조사에 행복 관련 항목을 추

---

116) 이러한 약점에도 국민총생산은 사회의 총화폐가치 변동을 측정하는 가장 포괄적인 지표로 인정되고 있다.

117) 이런 맥락에서 2011년 통계청 국정감사에서 나온 발언은 주목할 만하다: 국민의 행복, 삶의 질 등을 국가 주요 지표로 선정하고 이와 관련된 세부지표를 체계적으로 관리하는 방법을 고려해 볼 수 있지 않겠느냐, 국민의 행복과 삶의 질은 국가 현황을 나타내는 주요 지표, 주요 국가지표 선정은 그 자체로서 의미가 있다. 지금처럼 수많은 통계지표를 공급자 중심으로 제공하기보다는 민관협의체를 만들어 지표를 공동관리해야 한다고 생각한다(뉴시스, 2011.9.23).

가하여 행복 관련 통계를 확보한다.

4) 사회적 신뢰

정부와 제도에 대한 사회적 신뢰와 효율성 확보는 행복정책 성공에 관건이다. 개인들이 물질경쟁을 통하여 행복해지려는 노력을 심하게 할수록 행복찾기에 들어가는 비용과 노력이 증가하게 된다. 경쟁에서 지는 다수가 절망하고 극소수만이 행복해진다. 이런 현상을 막기 위해서는 조세개편, 공공재 공급, 예산 조정을 통하여 행복정책인프라를 구축하는 방식으로 국가의 역할을 확대할 필요가 있다. 이 경우 예상되는 반발의 한 부분에는 국가와 정책에 대한 신뢰와 효율성이 깔려 있다. 행복정책인프라의 맥락에서 국가는 효율적이어야 하며 지속가능한 시민의 행복을 위하여 올바른 방향성을 견지하여야 한다.

한국 사회는 정부와 공공기관에 대한 신뢰도가 상당히 낮다. 이는 경제성장과 개방에 따라 시민이 가지고 있는 정치와 민주주의에 대한 정보와 기대는 선진국 수준이 되었으나, 정치발전의 속도가 이를 따라붙지 못하여 나타나는 전형적인 현상으로 볼 수 있다. 정치적 영향과 관련이 깊은 정부와 공공기관의 효율성에 대한 시민의 기대도 염려스러운 수준이다.

정부 불신의 중요 요인으로 활용이 부진한 공공시설을 들 수 있다. 전시행정과 단기적 효과를 내세우는 공공시설은 시민으로 하여금 정부와 조세 정책에 대한 부정적 인식을 불러일으킨다. 경제 및 사회의 질서와 정책이 공정하다고 생각될 때 사회적 협력이 따라붙는다. 정부 신뢰는 사회적 자본을 형성하는 중요한 축이다. 관련된 정책으로 다음과 같은 것을 고려해 볼 만하다.

- 대시민 신뢰와 효율성을 확보하는 부문과 기관을 중심으로 행복
  정책의 주체를 형성한다.
- 공공시설은 공급보다 활용을 중시하며 지역 적합도를 고려한다.
  지역적 형평성을 내세우는 하드웨어 중심의 공공시설은 지양한다.
- 보통사람, 평균적인 삶의 가치와 미덕을 부각시키는 문화 형성
  에 노력한다. 서열과 등수를 과도하게 부각시키고 승자에 대한
  과도한 인센티브와 연봉은 상대적 위화감과 열등감을 조장하여
  사회적총행복에 부정적 영향을 미친다는 점에 유의한다.

5) 창의성

시민을 계몽의 대상으로 간주하거나 획일화하려 하지 말고 창의성
과 다양성을 고양시킬 수 있는 환경을 제공한다. 거리와 공공시설에
는 각종 구호와 문구가 많다. 시민을 상대로 하는 문구는 후진국, 전
체주의 국가, 군사문화의 특징이다. 한국은 과거 국민동원체제가 필
요했던 시절에 국민 계몽에 대한 필요가 존재했다. 성과 지향적인 사
회체제가 필요할 경우 국민의 행동과 인식을 일치시키는 것이 효율
적인 국민 동원과 통제를 위하여 요구되었다.

정보의 개방, 민주화 시대에 획일적 문화는 다양성과 창의성 계발
에 부정적이다. 시민으로 하여금 수동적 삶을 살도록 유도한다. 한국
인이 유독 명품소비, 외모 중시와 같은 물질가치에 대한 욕구가 강한
원인에는 이러한 획일적 문화를 배양하는 사회여건도 한몫하고 있다
할 것이다. 위치재와 방어재 소비가 극성인 것도 획일화를 추구하는
사회문화의 결과라 할 것이다. 획일화는 공공성과 같은 사회적으로
바람직한 가치추구는 하향평준화하고, 과소비 추구와 같은 부정적 가

치는 상향평준화하는 속성이 있다. 결국 사회적 경쟁과 비교는 격화되고 비용과 노력은 적정 수준을 넘게 되고, 사회적 평균행복수준은 올라가기 힘들어진다.

시민은 스스로 생각할 수 있는 시간과 공간이 없는 관계로 외부에서 주어지는 사고방식과 가치에 주입될 수밖에 없다. 시민이 자신의 본성과 삶에 대하여 성찰하여 자신의 방식에 맞는 삶의 방식과 가치관을 주도할 수 있는 환경을 조성해 주는 것이 필요하다. 다음과 같은 정책을 고려해 볼 수 있다.

- 공공시설에 적용하는 구호나 계몽적 문구는 최대한 자제하고, 필요할 경우 교육 관련 공간을 중심으로 배치한다.
- 생태와 체육, 문화, 예술 활동을 강화한다. 이러한 활동은 자존감, 정체성, 창의성을 발양시키는 자양분으로 단체로 할 경우 사회적 자본이 축적되고, 남에 대한 배려와 공감이 발현된다. 지역 단위일 경우 지역에 대한 소속감, 공동체 의식이 강화된다.
- 공원과 같은 여가시설은 최첨단, 고급, 고가의 시설을 지양한다. 이러한 시설은 만족도가 급격하게 떨어지고 창의성을 위축시킨다. 생태적·신체적 활동을 할 수 있는 생태체험적 시설이 만족도를 지속적으로 유지시킬 수 있다.
- 생태적 공간에는 기본적으로 인공적인 소리가 없고(no-sound) 모든 문구를 배치하지 않는(no-letter) 원칙을 적용한다. 국립공원, 휴양림에 적용할 수 있다. 적절한 공간에 이러한 원칙을 적용하여 생태·명상·요가의 중심지로 조성할 수 있다.[118] 특정 도시

---

118) 예를 들어 강화 인근 세어도를 생각할 수 있다.

공간이나 대중교통수단에 대하여 시범적으로 백지상태의 공간을 조성하는 방안도 고려해 볼 만하다.

6) 사회간접자본 공급에 대한 개념을 재정립

하드웨어 중심의 물리적 인프라(사회간접자본)는 한국의 미래 사회 발전에서 긍정적 역할이 현격히 감소할 것이다. 특히 도로, 건물과 같은 토목 시설에 대한 수요가 감소하고 운영비 부담 문제가 발생할 가능성이 높다. 이제 사회간접자본 필요에 대한 논의에서 시간에 대한 개념이 비중 있고 구체적으로 반영되어야 한다.

사회간접자본을 옹호하는 측은 향후 건설비용이 증가하기 때문에 당장 수요가 없어도 미리 건설하는 것이 장기적 맥락에서 합리적 선택이라고 주장한다. 이러한 주장은 향후 한국 사회의 모습을 고려할 때 설득력이 떨어진다. 첫째, 인구 감소 등을 고려할 때 사회간접자본에 대한 수요는 과거와 달리 증가속도가 현격히 감소하여 정체 내지 감소할 가능성이 있다. 둘째, 건설비용 증가폭은 점차 수그러들 것이다. 건설비용의 절대다수를 차지하는 땅값은 과거처럼 인상폭이 크지 않을 것이다. 오히려 정체되거나 줄어들 수 있다. 비용을 최소화하려면 건설에 들어갈 비용의 기회비용과 향후 건설비용과의 비교가 필요하다.[119]

사회간접자본은 내구성이 길고 장기적이며 구조적으로 사회에 영향을 미친다. 향후 한국 사회는 인구, 기술, 생활양식, 문화에서 지금

---

119) 예를 들어 토지보상의 경우에만 한정해서 생각해 보자. 보상에 소요된 비용이 1조 원이고 이에 따른 기회비용(사회적 이자율)이 연 7%로 700억 원이라고 하자. 이 경우 땅값이 7% 미만으로 인상되면 건설 시기를 늦추는 것이 비용을 아끼는 방식이다. 최근 연간 지가상승률은 1% 안팎이며 향후 상당기간 동안 상승률은 하락이나 정체될 전망이 높다.

과 상당히 다른 방식의 모습을 가질 것이다. 사회간접자본의 속성과 한국 사회의 미래변화상들을 고려한다면 과거와 같은 토목시설은 과잉공급이 될 가능성이 클 것으로 판단된다.

공공시설에 대한 수요의 과다추정은 사업을 시행하려는 부풀리기 부분도 있지만 향후 사회적 수요에 대한 예측에 과거의 관성적 정보와 방식을 기계적으로 적용한 결과가 일정 부분 있을 수 있다.[120] 이제 넓게는 공간, 구체적으로 토목시설에 대하여 사회적 수요를 미래의 관점에서 짚어보아야 한다. 다음과 같은 점을 고려한 정책을 생각해 볼 수 있다.

- 사회발전을 위한 공공적 기능과 사회간접자본에 대한 인식을 하드웨어 중심에서 소프트웨어 중심으로 전환하여 사회적 자본을 육성하도록 한다. 전환에 필요한 정보를 확보하기 위하여 주요 공공시설에 대하여 필요성과 규모의 적정성을 짚어본다.
- 공공 하드웨어 시설에 대한 타당성 검토 시에 하드웨어 시설의 내구연한과 처리 비용을 고려하여 미래의 수요예측을 실시함으로써 하드웨어의 과잉공급을 사전에 예방하도록 한다.

---

120) 토목시설에 대한 수요와 공급의 불일치는 민간 부분도 마찬가지다. 대형아파트에 대한 수요가 감소하고 소형에 비하여 상대적 가격이 떨어지는 것도 이러한 미래추세의 일환이라 할 수 있다. 세 가지 요소에 대하여 미래지향적 판단을 착오한 결과이다. 1) 경제성장에 따른 일인당 주거면적에 대하여 판단을 잘못했다. 대형 아파트(특히 120m² 안팎) 공급을 주도한 논리에는 선진국 수준의 경제성장이 되면 일인당 주거면적의 사회적 수요가 일인당 33m² 정도가 될 것이라는 전제가 깔려 있었다. 선진국의 일인당 주거면적이 33m² 정도라는 정보에 근거한 것이다. 하지만 이제 120m² 내외 규모의 아파트에 대한 사회적 수요는 갈수록 떨어질 것으로 판단된다. 2) 가구당 인구수가 점점 줄어들고 관리비 부담이 있기 때문에 100m² 규모의 아파트에 대한 수요가 중심이 될 듯하다. 3) 아파트가 더 이상 자산 가치 증식의 수단으로 기능하지 못한다. 세계 경제 침체와 한국의 부동산에 끼어 있는 거품이 실상을 드러내면서 부동산 가치의 하락과 이에 따른 수요 감소가 발생하고 있다.

7) 돈에서 사람중심의 경제정책

행복 수준은 외부적 조건에 반응하여 변동한다. 적응(adaptation)은 행복에 영향을 주는 나쁜 조건이나 좋은 조건이 시간이 지나면서 영향의 강도가 약해지는 것을 뜻한다. 교통사고와 같은 신체적 문제도 시간이 지나면 어느 정도 회복된다. 하지만 적응이 되더라도 상황이 발생하기 전보다는 더 좋거나(좋은 상황일 경우) 더 나빠지는(나쁜 상황일 경우) 경향이 많다.

상황에 따라 적응의 정도와 소요기간은 차이가 있다. 적응이 빠르게 발생하며 초기의 효과가 줄어드는 정도가 큰 대표적인 것으로 물질소비를 들 수 있다. 좋은 집, 자동차로부터 느끼는 만족도는 2년 안팎으로 알려져 있다. 적응의 폭과 시기가 적은 것이 실업과 이혼이다.

부정적인 영향은 긍정적인 영향보다 적응의 폭이 좁고 시기가 길다. 좋은 일이 생기더라도 만족도는 단기간에 크게 줄어 최초의 만족도보다 약간 높은 수준에서 유지되는 경향이 있다. 반면에 나쁜 일 때문에 겪는 고통은 시간이 지나 적응이 되더라도 고통이 줄어드는 정도는 좋은 일로 줄어드는 만족도 감소의 폭보다 적은 경향이 있다. 적응에 걸리는 시간도 좋은 일에 따른 적응 시기보다 오래 걸린다.

고용이 동반하지 않는 매출액이나 이익 증가를 추구하는 것은 사회적 총행복의 맥락에서 합리적이지 못하다. 특히 대기업 소유주와 노동자, 고임금 노동자들의 소득을 증가시키는 것은 소득에 따른 한계행복체감의 법칙과 고소득자 사이에서 격화되고 있는 상대적 박탈감 현상을 고려할 때 비싼 돈으로 행복을 높이기 때문에 비효율적 방식이다. 사회적 총행복을 극대화하는 것을 국가 정책이 추구해야 하는 목표라고 한다면 국민의 소득과 일자리에 직결된 산업정책의 패

러다임을 고용 우선으로 전환하는 것이 필요하다. 다음과 같은 정책을 고려해 볼 수 있다.

- 산업정책의 기준을 화폐가치에서 고용으로 전환한다. 정책의 초점을 중소기업, 저임금 노동자, 비정규직 노동자의 고용안정에 둔다. 이를 위하여 협동조합형 기업, 사회적 기업에 대한 사회적 관심을 높이고 정책적 지원을 강화한다.

- 고용의 질을 높이기 위한 정책을 공공기관을 중심으로 시행한다. 공공기관에서 비정규직을 고용할 경우 고용허가제를 적용한다. 비정규직 고용의 필요성에 대하여 고용심사위원회의 심의를 거치도록 한다.

- 투자에 대한 세제 혜택을 사후적으로 적용한다. 기업들은 법인세가 높으면 수익이 떨어지고 투자를 할 수 없게 돼 결국 일자리 창출도 어려워진다고 주장한다. 하지만 대기업은 이익 증가와 고용창출이 비례하지 않는 경향이 크다. 따라서 사후 평가 세제 혜택 제도를 확산하는 것이 바람직하다.[121]

---

121) 2011년 기획재정부는 2013년까지 중소기업에 취업하는 청년에게는 3년간 근로소득세를 면제하고, 청년을 고용한 중소기업에는 기업이 부담하는 사회보험료를 2년간 세액 공제하는 조항을 신설했다.

제2절 부의 사회적 선순환

부의 사회적 선순환

저성장시대이다. 돈을 버는 개념에서 돈을 현명하게 쓰는 방식을 더욱 고민해야 하는 시점이다. 부를 사회적 총행복을 높이는 방식으로 순환시키는 사회적 노력에 정책이 부응해야할 시점이다. 고소득자에 대한 과세를 사회적 기부와 연계시킴으로써 기부를 하는 고소득자에 대한 사회적 인정을 끌어내는 방식으로 부의 사회적 선순환을 실현할 수 있다.

1. 부의 사회적 선순환 정책의 취지 및 배경

당분간 세계 경제와 한국경제는 저성장을 벗어나기 힘들 듯하다. 일본의 장기 침체, 성장 동력을 상실해가는 미국 경제, 유럽 재정위기, 중국 경제의 불확실성이 높아지면서 세계 경제 질서가 급격하게 변하고 있다. 마이너스 성장 시나리오가 현실로 나타날 가능성을 배제할 수 없을 지경이다. 축소된 경제 환경에 대응하는 전략이 필요하다. GDP가 줄어들고, 국가예산이 줄어들고, 연봉이 깎이는 것을 엄청난 재앙으로 전제하고 있는 현재의 사고방식에 대하여 근본적인 재검토가 필요한 시대가 오고 있는 것이다.

경제적 파이의 절대적 규모가 줄어드는 저성장시대에는 부의 크기(stock)에 의존하는 경제활동은 현실적인 대안이 아니다. 플러스 성장을 전제로 하는 예산집행과 복지정책에 대한 근본적인 손질이 필요하다. 경제가 침체되면 가장 힘들어지는 것이 사회경제적 약자이다. 실업, 소득감소가[122] 생존과 삶의 질을 위협할 것이다. 사회적 배제와 상대적 박탈감이 커질 것이다. 사회적으로 이러한 문제에 대처하지 못할 경우 사회적 혼란이 발생하고 파시즘과 같은 정치적 선동이 대중적 지지를 받을 가능성이 커질 수 있다.

성장을 통하여 사회경제적 약자에 대한 기본적인 삶의 조건을 해결하지 못한다면, 가지고 있는 소득을 재분배하는 것이 현실적 대안이 될 것이다. 이러한 움직임은 선진국을 중심으로 이미 조짐이 보이고 있다. 버핏세가[123] 대표적이다. 유럽에서 거대부자들이 세금을 더 내겠다는 주장도 비슷한 맥락이다.

이러한 움직임은 개별소득에 대한 누진세 제도가 가진 문제점을 보완하는 측면이 있다. 하지만 근본적으로 자본주의 체제, 더욱이 경쟁, 효율성, 시장자유주의를 강조하는 신자유주의 체제에서 법을 통하여 경제적 양극화를 방지하는 것은 한계가 있음을 방증하는 현상으로 볼 수 있다. 한국의 경우를 보자. SSM(대기업의 기업형 슈퍼) 규제법을 이용하여 SSM은 오히려 면죄부를 받고 확장을 계속하고 있고,[124] 대기업은 자기 계열 회사에 일감을 몰아주고 있으며, 중소기

---

122) 소득감소의 절대액은 고소득층이 더 많을 수도 있다. 하지만 소득감소가 생존에 미치는 영향은 소득이 적은 계층일수록 크다. 예를 들어 연간 소득이 2억 원인 경우에 소득이 2천만 원이 줄어든 경우와 연간 소득이 2천만 원인 노동자의 소득이 2백만 원이 줄어든 경우를 생각해 보자. 2천만 원이 감소된 고소득층은 저축, 해외여행 등 생활필수품이 아닌 항목을 줄일 가능성이 높다. 하지만 저소득층은 주거, 식비, 교육비 등을 줄여야 하는 현실적 어려움을 겪을 것이다.

123) 오바마 미국 대통령은 연간 100만 달러(약 11억 원) 이상을 버는 부자들에게 최저 세율(Minimum tax rate)을 적용하는 방안을 제안했다. 이것은 부유층에 적용되는 세율이 적어도 중산층만큼은 되도록 하기 위해 이들에게 적용할 세율의 마지노선을 정하자는 것으로, '부자증세'를 촉구한 워런 버핏 버크셔 해서웨이 회장의 이름을 딴 것이다.

124) 2003~2010년 사이에 전통시장은 178개 줄었지만 SSM은 632개가 늘었다. SSM은 국내법뿐만 아니라

업 업종이나 제품125)까지 파고들고 있다.

　이러한 사회에서는 총량개념의 경제성장은 퇴색할 수밖에 없다. 결과적으로 경제적 약자의 고통을 감추는 것이다. 최근 활발하게 논의되고 있는 기부문화 진작 움직임은 이러한 문제에 대한 고민의 일환으로 평가할 수 있다. 일명 '김장훈 법'이 그것이다.126)

　한국 사회에서 고소득자의 기부가 활성화되지 않는 이유에는 기부에 대한 사회적 인식이 기부자의 기대에 부응하지 못하는 측면도 있다. 행복관점에서 고소득자에게 절실한 것은 자아실현이나 자기존재감을 확인하려는 것이라 하겠다.127) 그들은 자아실현을 높이려고 자신이 가진 부를 사용하려는 경향이 있다. 따라서 부자들이 가진 돈과 사회적 인정을 교환하는 사회적 기능을 부의 사회적 선순환 정책이 가능하게 한다면, 부자를 포함하는 사회구성원 모두의 행복을 높이는 효과적인 수단이 될 수 있을 것이다.

2. 부의 사회적 선순환 관련 정책 제안

1) 연봉상한제와 기부를 연계

　고액 연봉에 대한 사회적 논란은 미국이 가장 활발하다고 할 수 있다. 대기업 임원들의 연봉이 수천억 원에 가깝기 때문이다. 운동선수, 탤런트 등 상업논리를 적용하는 부문에서 노동자 평균연봉과 최고

한-EU 자유무역협정과도 관련이 있다. 세계화 조류를 등에 업은 외국의 대자본이 한국의 동네 구멍가게와 이해관계를 가지고 대립하는 형세가 구현되고 있는 것이다.

125) '통큰 치킨', 빵 등이 대표적인 보기이다.

126) 명예기부자법은 가수 김장훈 씨처럼 평소 기부를 많이 한 사람이 노후에 어려움을 당하면 국가가 책임진다는 것을 골자로 하고 있다.

127) 자아실현은 매슬로우의 단계적 욕망 충족 중에서 마지막 단계이기도 하다.

연봉 수준과의 격차가 수백 배 이상 벌어지고 있다. 시간이 갈수록 그 격차는 심해지고 있으며 한국도 같은 추세이다.

연봉격차를 심하게 벌리는 것은 차별적 대우를 통한 스타 만들기를 통하여 기업의 이익을 극대화하려는 의도이다. 수치를 가지고 예를 들어 보자. 임금 총액이 100이고 고액연봉자 1명을 포함한 임직원이 50명이라고 하자. 전체 평균연봉은 2가 된다. 이 중 고액연봉자에게 51이 지급된다면 나머지 49명 직원의 평균연봉은 1이 된다. 고액연봉자가 나머지 노동자보다 51배나 많은 돈을 받는 것이다. 1을 받는 대중들은 자신이 받는 1에 대한 불만도 있지만 자신보다 51배나 많이 받는 현상에 대하여 우상으로 간주하는 경향도 섞여 있다. 스타를 만들고 싶어 하는 대중심리가 작동하고 있는 것이다. 이런 현상은 여론을 그렇게 만들고 대중심리를 조작하는 데 성공한 문화적 헤게모니가 성공적으로 작동하고 있기 때문에 발생하는 것이다.[128]

한국 사회는 아직 이념적 갈등이 상당 부분 살아 있는 사회이다. 그리고 미국에 비교하면 연봉격차가 심하지 않은 상황이다. 하지만 격차는 여러 부문으로 확대되고 있으며 정도도 점차 커질 듯하다. 따라서 그 정도가 심해지기 전에 사회적 대응이 필요할 것이다. 연봉격차가 광범위하고 커질수록 제어하는 정책이 시행될 경우 반발의 양과 질도 커질 개연성이 높기 때문이다. 이런 맥락을 고려하여 다음과 같은 정책을 고려해볼 만한 시점이 되었다고 판단된다.

---

128) 문화적 헤게모니는 그람시(Antonio Gramsci)가 제안한 개념이다. 계급적 동맹 원칙의 차원을 넘어선 새로운 유형의 지배질서를 설명하는 개념으로, 정치적 수준에서뿐만 아니라 지적·도덕적 수준에서까지 통합을 이루어내고, 추종집단의 자발적 동의와 지지까지 창출해내는 것이 헤게모니이다. 제도권 언론을 포함하는 각종 미디어망을 장악한 기득권층의 논리에 일반 대중이 포섭되어 고액연봉에 대한 사회적 신화를 수긍하고 선망하는 사회풍토가 발생되고 있는 것이다.

- 연봉과 기부를 연계하는 정책을 시행한다. 개인에게 지불하는 연봉의 상한액을 해당자가 속한 조직의 평균과 연계한다. 다만 연봉상한액은 이전처럼 자유롭게 하되, 상한액을 초과하는 금액은 기부로 전환한다. 기부의 구체적 대상은 법에 정한 테두리 내에서 해당자가 지정하며, 기부에 대한 사회적 인식이 가능하도록 한다.[129]

- 기부에 연계시키는 대상은 사회적 논의에 따라 다양하게 시행할 수 있다. 대상자에게는 세금으로 납부하게 하거나 기부형태를 선택하도록 한다.[130]

2) 사회적 공유를 통한 자산활용의 극대화

경제가 저성장 한다는 것은 새롭게 발생하는 부가가치의 총량이 많지 않아 소득 증가의 규모가 적어진다는 뜻이다. 개인의 입장에서 저성장을 체감할 수 있는 것은 대부분 소비를 할 때이다.[131] 경제성장이나 경기에 대한 사회적 체감 혹은 만족도는 더욱더 소비가 관건적 역할을 한다. 소득의 맥락에서 보자면 자산의 규모보다 가처분 소득의 규모가 체감이나 경제만족도에 더욱 큰 영향을 미치는 것이다. 예를 들어 10억 원짜리 아파트에 살고 있어도 당장 쓸 돈이 없다면 경제적 만족도는 높을 수 없다.[132] 더욱 심한 경우가 빚을 얻어 집을

---

129) 예를 들어, 어떤 회사의 평균 연봉이 5천만 원인 회사에서 15억 원을 받는 사람 A가 있다고 하자. 만약 연봉 상한액을 평균의 10배로 했다면 초과액은 10억 원이 된다. A가 만약 10억 원을 모교에 기부할 경우 장학금이나 건물에 A의 이름을 붙이는 것이다.

130) 서양의 부자들이 거액을 기부하는 동기에는 어차피 자기 돈이 아닐 바에야 세금보다 기부가 모양이 더 좋다는 현실적 계산도 깔려 있다.

131) 일부 사람들은 돈을 쓰지 않아도 돈을 가지고 있다는 그 자체에 만족을 하는 경우도 있다. 돈을 버는 목적이 사용이 아닌 돈 자체의 축적에 있는 것으로 강한 물신주의(fetishism)에 빠져 있다고 하겠다.

132) 만족도보다 더 큰 문제는, 돈이 자산에 묶여 있음으로써 소비에 사용될 돈의 크기가 줄어들어 경제순환

마련한 가계가 부채 때문에 경제적 제약을 받는 경우이다.[133]

저성장시대에는 경제적 자산의 총량(stock)을 늘리는 것이 불가능한 상태이므로 존재하는 자산의 흐름(flow)을 증대시키는 방식으로 국민의 소비와 만족도를 채워주는 방식이 중요하다. 예를 들어, 이동수단이 필요한 시민으로 하여금 자동차를 구입하게 하는 것은 고성장 시대에는 적절한 정책이 될 수 있다. 하지만 저성장시대, 특히 저성장이 지속될 것 같은 전망이 높아지면 소비지출이 줄어들 것이다. 소비가 줄어들면 경제적 효용이 떨어지고 삶에 대한 주관적 만족도가 낮아진다. 이런 맥락을 고려하여 다음과 같은 정책을 고려해볼 만하다.

- 활용도가 낮은 개인자산을 사회적으로 공유하게 하는 정책을 시행한다. 사회적 공유로 제공된 개인 자산은 세금공제 등 경제적으로 실질적 이득이 가도록 하는 정책과 연계한다. 예를 들어 카쉐어링(승용차 같이 타기)에 이 개념을 적용하면 다음과 같다. 사용도가 낮은 승용차를 지역 공유로 제공한다. 제공하는 정도는 소유권 이전부터 사용권 공유까지 다양하게 하되 제공 내역에 따라 세금 공제와 같은 정책과 연계한다. 이러한 경우를 관리하는 사회적 기업을 설립하여 고용 창출 효과도 발생시킨다.[134]

이 위축되는 것이라 하겠다.

133) 이것을 하우스 푸어(house-poor)라고 한다. 우리나라의 경우 가계 자산에서 부동산이 차지하는 비중이 상당하다. 통계청의 '2011년 가계금융조사'를 보면 지난 3월 말 현재 가구당 평균 자산보유액은 2억 9,765만 원으로 지난해 2월보다 7.5% 증가했다. 자산 총액에서는 금융자산이 23.2%로 1.9%포인트 증가한 반면 부동산은 73.6%로 2.3%포인트 감소했다. 2011년 11월 27일 한국은행에 따르면 올해 가계의 이자부담 총액은 56조 원으로 2010년 국민총소득(GNI) 1,173조 원의 5%에 가까운 수치다. 2010년 말 797조 4,000억 원이던 가계대출은 2010년 9월 말 현재 840조 9,000억 원까지 늘어났다.

134) 이것은 영국에서 마을만들기 추진 형태의 일종인 asset management와 맥락이 유사하다(니시야마 야스오 니시야마 야에코 저, 2009).

제3절 공공가치

> **공공가치**
>
> 국민이 물질가치 추구를 통한 삶의 만족을 얻는 방식을 억제하도록 유도하는 정책을 추진한다. 국가는 개인들로 하여금 기본적 생활권을 보장해주는 대신 개인 간에 경쟁재 소비를 제한하는 조세정책을 추진한다. 주거공간이 자산가치 증식의 수단이 될 수 없다는 인식을 국민들에게 각인시키고 생활에 실질적으로 필요한 내용에 부응하는 질 높은 공동공간을 제공한다.

1. 공공가치 육성 정책의 취지 및 배경

일반적으로 경쟁재는 자동차, 주택, 공산품처럼 주관적 만족감을 높이려는 목적으로 재화나 서비스를 사용할 경우, 다른 사람이 사용하는 것이 불가능하거나 사용의 질이 차이가 심하여 개인 사이에 소유와 사용에 대한 경쟁이 발생하는 재화와 서비스를 지칭한다.[135] 화폐가치로 측정되는 소비물품이 대부분 경쟁재이다. 비경쟁재는 사랑, 우정, 여가처럼 인간, 조직, 가족 사이의 관계와 관련된 행위이다. 또한 가격이나 품질 경쟁의 정도가 거의 없다고 할 수 있는 재화나 서비스도 비경쟁재에 속한다.[136] 비경쟁재 소비는 다른 사람들의 소비,

---

135) 경쟁재는 두 가지 개념이 있을 수 있다. 소비에 있어 배제적 속성(excludability)에 근거하는 경우와, 소비하는 양태를 근거로 하는 경우이다. 이 책에서는 후자를 대상으로 하는데 행복학계에서 통용되는 지위재·방어재와 연계된다.

특히 질에 영향을 주지 않는 경향이 강하다.

경쟁과 비교를 속성으로 하는 경쟁재 소비를 통하여 만족감을 높이려는 사회에서 개인은 과도하게 노력과 비용을 소모해야 한다. 이러한 현상은 위치재와 방어재 소비를 중심으로 더욱 심하다. 이러한 소비행태는 극소수만이 만족을 얻을 수 있는 구조적 한계가 있다.

위치재 소비의 주요한 목적은 사회적 우월성을 확보하려는 것이며, 방어재는 위치재 소비를 의식하고 남에게 뒤떨어지지 않으려고 따라하는 소비이다. 이 두 가지는 모두 고가로서 가격이 상승하여도 소비가 증가하는 경향이 강하다. 명품소비가 대표적 사례이다. 고소득 소비자가 주도하여 사회적 따라하기 현상이 고가소비 양상으로 전개되면 군비경쟁처럼 무한경쟁이 불가피해진다. 소위 짝퉁은 이 경쟁과정에서 지불능력이 없는 소비자들의 요구에 따라 나타난 현상이다.

행복수준이 높은 스칸디나비아 국가들의 경우 일인당 소득은 한국보다 훨씬 높지만 개인이 소비할 수 있는 가처분 소득은 커다란 차이가 나지 않는다. 국가는 주거, 교육, 의료, 직업 등을 시민에게 보장해주는 대신 필요한 재원은 세금을 통하여 조달한다. 개인들이 경쟁적 소비를 통하여 차별적 우월성을 구현할 수 있는 여건을 제도적으로 제한하는 것이다.

이들 국가는 기본생활권(주거, 교육, 의료, 직업)에 대하여는 사회적 차별성을 줄이면서, 인간이 가진 차별적 우월성에 대한 욕구는 허용하되 높은 비용을 지불하도록 한다. 이렇게 대량으로 사회적 따라하기를 억제시키는 정책이 효과적으로 수행되어 사회적총행복량이

---

136) 예를 들어, 기능성 프리미엄 제품을 제외한 라면, 소주, 쌀 등이 있다.

높아질 수 있다는 추론이 가능하다.

주거, 교육, 의료, 직업을 통한 개인 간의 차별적 우월성을 억제하기 위하여 국가가 적극적으로 관여하여 개인 간의 차별성을 최소화하는 정책을 추진한다. 경쟁재 중에서 위치재와 방어재에 대하여는 세율을 높이고 비경쟁재 소비에 대한 세율은 감축한다.

2. 공공가치 관련 제안 정책

공동주택단지를 건설할 때 공용공간을 양과 질적으로 확대한다. 향후 아파트 공간에 대한 수요의 양상에 의미 있는 변화가 예상된다. 공동주택단지를 통한 자산증식의 기회가 점차 줄어들고, 1인 가구 수가 증가하고 다인 가구 수는 줄어들며, 공동주택단지 규모 선정에 에너지비용 상승을 중심으로 하는 관리비에 대한 고려가 증가할 것이다. 이에 따라 실생활 위주의 실용적인 공간사용 경향이 커지면서 소형 공동주택에 대한 수요가 증가할 것이다.

더불어 게스트하우스, 토론방, 파티룸에 대한 사회적 수요도 증대할 것으로 예상된다. 공동주택단지 공용시설에 대한 개념을 이러한 수요에 부응하도록 정책적 유도를 하는 것이 미래지향적 정책대응이 될 것이다. 이런 맥락을 고려하여 다음과 같은 정책을 고려해볼 만하다.

- 공동주택단지에 대한 과세기준을 세대 당 주거 면적과 공용공간 면적의 비율로 한다. 공동주택단지에서 전망과 위치가 좋은 곳에 넓은 공간과 질 높은 공용 시설을 설치하여 공용시설 이용을 활성화하여 공동체 의식을 높이고 개인 간의 소모적 과시 욕구를 완화시키도록 유도한다.

- 공용공간에 대한 관리와 프로그램 운영에 대하여 정부가 행정적·재정적 지원을 하며 관리 조직으로 사회적 기업이 참여할 수 있도록 한다. 공용공간에서는 게스트하우스, 토론방, 파티룸 대여, 성인 및 아동에 대한 교육 프로그램을 진행한다. 규모의 경제를 감안하여 복수의 공동주거단지를 엮어 공용공간 프로그램을 운영한다.

- 공동주거(co-housing)와 레지던시(residency) 프로그램을 융합하는 1인 가구 관리 프로그램을 적용하도록 한다. 1인 가구 증대에 대비하여 공공적 개념의 주거 공간 관리 프로그램을 실시한다. 공간, 에너지, 관리의 맥락에서 1인 가구의 효율성은 다인 사용 주거 공간 보다 떨어지는 경향이 있다. 1인 가구는 1인당 사용 면적, 에너지 사용량, 관리비가 높은 것이다. 공동주거 형태의 공간 사용을 통하여 개인의 사적 영역이나 공간의 효율성을 높이는 한편 레지던시 프로그램을 통하여 에너지, 관리 비용의 효율성을 높이는 방안을 정책적으로 개발하고 지원한다. 이러한 관리를 사회적 기업과 연계시킨다.

대한민국 시민권, 99% 행복을 위하여

사람이 행복하지 않고 사람이 희생되는 형편에 돈이 어떤 의미가 있을까 하는 사회적 의구심이 커지고 있다. 사람의 마음을 편하게 해 줄 수 있는 경제, 사람이 행복한 세상에 대한 사회적 갈망이 거세지고 있다. 혼자 해봐야 한계가 있고 역부족이라는 학습효과에 대한 사회적 공명이 커지고 있다. 나의 마음과 나의 행복이 너의 마음과 너의 행복과 탄탄히 엮여 있다는 사회적 관계망의 존재에 대한 확신이 굳어지고 있다. 1%가 99%의 행복을 흔들어대는 세상, 99%가 각자 자기 꿈에 빠져 있는 세상은 이제 그만이고 싶다는 사회적 갈망이 높아지고 있다. 새로운 시대는 새로운 사상, 새로운 개념을 전제로 한다. 99%가 체계적으로 조직되지 않는 한 사회 전체는 물론이고 나의 행복찾기도 요원하다는 사회적 각성이 일어나고 있다.

인간은 본능적으로 행복을 추구한다. 행복은 건강, 가족, 소비, 환경, 문화, 사회 풍토, 종교 등 인간이 살아가는 삶과 주변 여건에 대하여 개인이 판단하는 총체적 만족감이라 할 수 있다. 행복은 다양하다. 사람마다 희망하는 행복의 조건과 내역과 방식이 다르다. 행복을 판단하는 대상도 획일적이지 않다. 자신의 행복과 타인의 행복에 대한 가중치가 각기 다르다. 나 하나만을 고집하는 자기중심적인 유형에서 가족, 사회, 국가를 넘어 세계의 행복을 지향하는 세계주의자도 있다.

사회가 추구해야 할 바람직한 방향을 정립하고 수행하는 과정에서 국민은 국민의 권력을 위임받아 대행하는 정부에 대한 신뢰와 감시가 필요하다. 정부는 자신들의 이익이 아닌 국민과 사회 전체를 위하는 공공성에 기반을 둔 정치와 행정을 하여야 할 것이다.

행복한 사회는 행복에 대하여 개인들이 가지고 있는 다양한 모양과 특성을 균형 있고 조화롭게 조율하는 것일 수 있다. 하지만 이러한 조율에 앞서 개인들이 가지고 있는 행복에 대한 정보와 인식체계를 진지하게 성찰하는 것이 근본적으로 필요하다. 개인, 가족, 조직, 사회, 국가 단위로 행복을 추구하는 방식이 제대로인가에 대하여 살펴볼 일이다. 단순히 표출된 욕구를 인정하는 것은 개인, 사회, 국가 모두의 행복을 위하여 도움이 되지 않을 수 있다.[137]

총량을 키우면 된다는 경제성장 중심 정책, 경쟁과 효율성을 최고의 잣대로 삼는 사회운영 전략이 고용, 분배, 사회 갈등, 행복에 부정적인 영향을 미친다는 것이 상당 부분 검증되고 있다. 신자유주의와 성장 중심의 정책이 낳은 경제의 구조적 불평등과 기득권층의 지나친 욕구에 대한 반발은 자본주의 중심지인 미국과 유럽을 거쳐 세계 곳곳으로 확산되고 있다.[138]

국민은 자신들의 생명, 인권, 재산, 자유, 행복을 각자 알아서 가꾸

---

137) 소득증가는 가족과 주변 사람들을 행복하게 하기 때문에 과도한 노동시간을 감수한다는 최근의 실증분석(Benjamin et al, forthcoming)은 주목할 만하다.

138) 미국인의 금융기관 및 종사자에 대한 신뢰는 1971년 이래 최저를 기록하고 있다. 이러한 근본적인 원인은 금융과 관련된 규칙이 공정하지 않아 금융기관이 배를 불리고 있다는 인식이 깔려 있다(40-year low in America's view of Wall Street by Lindsay A. Owens, 2011.10.7.cnn.com; http://edition.cnn.com/2011/10/07/opinion/owens-wall-street-disapproval/index.html?&hpt=hp_c2)

고 지키는 것이 불가능하기 때문에 이를 가능하게 할 조직이 필요해 진다.[139] 국민은 조직(국가)에 대하여 세금을 내고, 국방의 의무를 수행하며, 법을 준수하는 방식으로 자신의 이해관계를 일정 정도 양보한다. 국민과 조직 사이에 이루어진 계약의 결과로 국가가 탄생하는 것이다.

형식적으로 계약은 국민과 국가라는 두 주체 사이의 관계이지만 근본적으로 사회구성원인 국민의 다양한 가치관과 철학이 반영된 것이라 하겠다. 선거는 국민의 뜻을 확인하는 가장 대표적인 방식이다. 선거는 국민이 부여한 권한을 대행하는 정치권에 대한 평가이다. 넓게는 국민들 자신이 가진 사회에 대한 방향을 결정하는 수단이다. 다양한 국민의 뜻 중에서 가장 선호도가 높은 내용을 따르는 다수결의 원칙은 민주주의 체제에서 의사결정 방식의 핵심 규칙으로 간주되고 있다.

다수결의 원칙이 민주주의 체제에서 중요한 내용이지만 행복정책의 맥락에서는 당혹스러울 수 있다. 국민이 가지고 있는 인식이나 가치관이 행복관점에서 왜곡되어 있다면 이것을 교정하지 않은 상태에서 국민의 뜻임을 강조하는 것은 신중해야 할 필요가 있다. 물질주의 가치에 매몰되어 있는 국민이 단기적 경제성장정책을 선호하는 행위는 지속가능한 사회적 행복 관점에서 견제되어야 할 것이지만 현실에서 이러한 제어는 불가능한 경우가 많다.

자신을 신자유주의 체제의 희생자라고 간주하고 있는 다수의 시민

---

139) 사회구성원을 구속하는 제도가 존재하지 않는 상태에서 개인들은 무제한의 자유를 누릴 수 있지만 무제한의 위험에 노출되어 있다. 이러한 상태를 홉스는 '자연의 상태'라고 불렀다. 개인이 누리는 자유를 자율적으로 양보하면서 외부의 위협으로부터 보호를 받는 방식으로 사회구성원들이 모여 규칙을 만드는 것이 로크가 주장하는 사회계약이라고 할 수 있다. 루소는 로크와 달리 사회구성원들의 직접적인 통치를 강조하며 대의 정부(representative government)를 반대하였다.

이 요구하는 새로운 형태의 사회계약 움직임이 전 지구적으로 확산되고 있다.140) 새로운 사회계약은 다음의 몇 가지 특성을 지니고 전개될 가능성이 높다. 첫째, 신자유주의체제에 대한 근본적인 한계를 지적하고 새로운 체제를 모색하는 것이다. 최근 국제 사회에서 일어나고 있는 경제침체, 금융자본에 대한 사회적 비판, 소득의 양극화, 고용침체의 모태는 신자유주의라 하겠다. 경쟁, 효율성, 세계화, 시장자유주의는 신자유주의를 구성하는 핵심 개념들이다.

둘째, 금융자본에 대한 사회적 규제를 강화하는 것이다. 예를 들어 토빈세141)는 세계화로 거래가 자유로워진 투기성 해외자본에 대한 규제 수단으로 거론되고 있다. 신자유주의는 지구전체를 자본이 이익을 극대화시킬 수 있는 구조로 만들고자 한다. 이를 구체화하는 것이 시장자본주의이다. 특히 자본에 대한 높은 수준의 개방을 특징으로 하는 한국은 신자유주의의 폐해에 취약하다.

셋째, 신자유주의에 반발하는 시민은 소득, 세금과 고용 문제 해결에 집중할 것이다. 단기적으로 세금에 치중하겠지만 고용으로 무게중심을 옮겨갈 가능성이 높다. 고소득자의 종합소득을 대상으로 세율을 높이는 것에 대한 요구에서 시작하여 고액 연봉에 대한 문제가 제기될 수 있다. 하지만 부자들의 소득과 세율에 대한 사회적 견제는 경제문제에 대한 적극적 해법이 될 수 없다. 고용이 문제의 핵심이다. 고용이 뒤따르지 않는 경제성장 정책에 대하여 근본적인 변화를 요구하는 움직임이 대두될 수 있다. 경제정책의 중심개념을 이익에서

---

140) 미국에서 시작된 월가에 대한 시위에서 참가자들은 자신들을 99%, 금융자본가와 부유계층을 1%로 규정하고 있다.

141) 국제투기자본이 무분별하게 자본시장을 교란할 목적으로 단기외환거래에 부과하는 세금이다. 경제학자 제임스 토빈이 제안하였다.

고용으로 이전하는 것에 대한 사회적 요구가 거세지는 것이다. 이 과정에서 비정규직을 중심으로 하는 고용형태의 변화가 논쟁이 될 가능성이 높다.[142]

넷째, 사회계약의 정곡은 새로운 질서를 짜는 것이다. 효율성이나 경쟁이 사회적으로 존중받으려면 공정성이 전제되어야 한다. 현재 가진 조건이 동일하지 않은 상태에서 효율성을 강조하는 것은 형식적으로 기회만 줄 뿐, 결과는 이미 정해진 것과 다름이 없다. 대기업과 중소기업이 경쟁을 할 경우 어느 측이 유리한지는 물어볼 필요조차 없다.[143] 시장자유주의와 효율성을 내세우려면 공정한 조건이 전제되어야 한다. 공정한 조건을 마련하는 것이 현실적으로 어렵다면 노력에 대한 합당한 분배가 있어야 한다. 새로운 사회계약의 구체적 내용에서 중요하게 볼 것은 합당한 분배이다.

자본주의의 중심인 선진국에서 대다수의 시민은 신자유주의 체제의 문제점을 고스란히 안고 있다. 고용이 불안하기 때문에 안정적인 생활이 불가능하다. 경제 성장은 소비수준을 동반 상승시켜 왔다. 거액이 필요한 주택, 자동차, 보험 같은 소비행위는 부정적 경제 상황변화에 탄력적이지 못하다. 소득이 떨어진다고 해서 즉각적으로 이들에

---

142) 이 문제는 한국의 경우에 주목된다. 기득권층이 현재 비정규직의 일정 부분을 정규직으로 포섭하면서 나머지 비정규직과의 대립구도를 형성하고자 하는 의도가 먹혀들어갈 수 있는 여지가 있는 것이다. 현재의 고용구도는 사용자와 일부 기득권 노동자계층(대기업, 전문직, 공공기관 종사자 중 중간계층 이상)의 한 부류와 중소기업 노동자, 영세자영업자, 비정규직의 나머지 부류가 대립형태를 보이고 있다. 현재의 기득권층이 고학력, 공공기관 종사자 중에서 비정규직을 정규직으로 전환하여 현 질서를 유지하려는 시도를 할 개연성이 높다.

143) 현실에서 이러한 문제는 우회적으로 변형되어 나타난다. 예를 들어 대형마트나 SSM의 문제와 관련하여 대기업은 소비자의 선택권을 강조한다. 주식의 소유나 주식배당에 있어 다국적 기업이지만 기업이 속해 있는 국가의 민족주의적 성향을 이용하는 경우도 있다. 기업에 대한 규제와 사회적 기여가 거론되면 해외로의 공장 이전 카드를 내세우며 자신들이 사회에 공헌하고 있는 바를 강조한다. 하지만 막상 해외로 공장을 이전할 때는 경제적 이유를 앞세운다.

대한 소비수준을 조정하는 것이 쉽지 않다. 거래 자체가 힘들거나 상당한 손해를 감수해야 한다.[144] 한편, 소득원인 일자리는 경제상황에 따라 대단히 유동적이다. 회사 자체가 없어질 수도 있다. 일자리보다 더 급변하는 것이 금융상품이다. 금융상품을 통하여 소득을 의존하는 사람들은 경기 동향에 따라 생활형편이 더욱 휘둘리게 된다.

이러한 구조에서 경제성장을 하는 것은 소비와 소득 사이의 시간적 불균형을 심화시킬 뿐이다. 지속가능한 경제가 구조적으로 불가능하다. 높은 수준의 경제성장만이 경제체제를 유지시킬 수 있다. 경쟁력과 거대 자본을 소유한 극소수만이 안정적으로 생존이 가능하다. 사회적으로 상대적 박탈감이 증가하고, 소득과 소비의 극단적 변동을 겪는 경제적 약자들이 양산된다.

해법은 경제성장에 있지 않다. 경제 성장을 통해 문제를 해결하려는 것은 현실적으로 불가능하다. 지금 우리는 소비와 소득이 동반성장하는 경제체제를 당연시하고 있다. 플러스 성장을 전제로 하고 있다. 이런 사회적 인식에서 대다수 사람을 지속적으로 만족시키려면 선진국 경제의 경우에도 연평균 5% 이상의 경제성장이 있어야 할 것이다.

일정 정도 경제 성장이 된 선진국 경제에서 경제적 만족감을 확보하는 방법은 고도성장이나 분배를 통하는 것이다. 신자유주의 체제가 지배해온 최근 수십 년을 평가해 보면 합당한 분배가 불가능하다는 것을 확인할 수 있다. 결과물을 성취하는데 투자한 자원의 규모에 근거하는 방식을 예로 들어보자. 50명이 각자 2만큼의 자원을 모은 100으로 300의 결과를 얻었고, 각자 6만큼의 결과물을 가져간다면 논쟁

---

144) 집값이 떨어질 것으로 예상되면 주택거래 자체가 힘들어진다. 싼값으로 집을 팔거나, 보험을 중도에 해지할 경우 상당한 손해가 발생한다.

의 여지가 적을 것이다. 그런데 현실에서는 상황이 간단하지 않다. 각자 가지고 있는 여건이 다르다는 것이다. 위의 보기에서 300의 결과물을 얻기에 필요한 자원 100을 한 사람이 51, 나머지 49명이 각각 1씩 투자했다고 하자. 그러면 51을 투자한 1인의 부자는 153만큼의 결과물을 가져가고 나머지 49명은 3씩의 결과물을 가져가는 것이 합당한 것일까?

이렇게 투자규모에 비례하여 이익을 배분받는 것으로 주식회사가 대표적인 방식이다.[145] 지금까지 이러한 방식에 대해서는 현실적으로 용인하는 분위기가 강했다. 하지만 최근 사회적 인식이 바뀌고 있다. 51의 자원에 근거하여 153의 이익을 가져가는 것은 사회적으로 합당하지 않다는 것이다. 정확히 말하면 153의 이익의 일정 부분은 사회적 몫이기 때문에 사회에 반환해야 한다는 것이다. 만약 물건을 사주는 사람이 없었다면 51의 자원도, 153의 이익도 불가능하다는 주장이다. 이것은 새로운 주장이 아니다. 세금은 이러한 사회적 관계를 이용한 대가를 지불하는 것이다. 부자가 거두고 있는 소득을, 부자가 아닌 다른 사람들이 사회적으로 기여한 몫과 연계하는 것이 적절하다는 주장이 힘을 얻고 있다.[146]

사회적 수용성이 더욱 떨어지는 경우는 고액연봉이라 할 수 있다. 일반 노동자의 임금은 대부분 이익규모보다는 노동시장에서 수요와 공급에 근거하여 결정되는 경향이 강하다. 노동력은 노동시장에서 하

---

145) 투자액이 아닌 사용액에 따라 이익을 배분받는 방식이 협동조합이다. 기업의 이익을 극대화하는 것을 목표로 하는 주식회사 형태는 이익의 양극화, 중소기업의 몰락, 사회적 배제를 심화시키는 문제가 있음이 최근 입증되고 있다. 경제가 사회 전체를 위협하고 있는 것이다. 협동조합형 기업은 이런 맥락에서, 주식회사 중심의 경제체제가 가지고 오는 사회적 문제에 대한 대안으로 주목받고 있다.

146) 버핏세와 부유세가 이러한 맥락이다.

나의 상품이며, 임금은 노동이라는 서비스의 가격인 것이다.[147) 하지만 고액 연봉이 결정되는 방식은 사뭇 다르다. 일반 노동자의 임금과 달리 근거가 논리적이거나 투명하지 않다. 조건이 비슷한 회사라 하더라도 최고경영자의 연봉과 그 회사 노동자의 평균임금은 수십 배에서 수천 배를 넘는 경우가 있다. 고액 연봉자들은 자신들이 의사결정권을 가졌다는 이유만으로도 이익을 극대화하고 있다. 최고경영자나 기업의 소유주가 갖춘 능력이나 기울이는 노력만을 근거로 하여 연봉을 결정한다면 결코 평균 연봉의 수십 배를 넘지는 않을 것이다. 이러한 추정을 받아들인다면 그 이상의 대가에 대하여 사회가 용인하기 쉽지 않을 것이다.[148)

현재의 법적, 제도적인 맥락에서는 불법은 아니지만 경제논리가 지나치면 사회로부터 견제를 불러일으키는 것이다. 경제는 사회와 삶을 구성하는 부분임을 명심할 필요가 있다. 경제라는 사회의 한 부분이 사회 전체를 위협하면 사회가 자기 보호 작용을 하게 된다. 지금과 같은 형태의 시장자유주의, 경제중심주의에 대한 개혁의 요구에 대하여 사회적 호응이 높다는 것은 현 체제가 근본적으로 한계가 있고 환골탈태되어야 한다는 반증이다. 새로운 형태의 사회계약이 필요한 것이다. 아직 새로운 계약에 대한 내용은 구체화되고 있지 않으나 금융자본, 세계화, 고용, 제도의 공정성이 개혁의 초점이 될 듯하다.

지나친 경제논리를 견제할 새로운 사회계약을 추진할 주체는 국민이다. 정책은 국민의 인정과 수용이 없으면 쓸모없게 된다. 국가 정책

---

147) 하지만 노동이라는 상품은 일반재와 다르게 상대적으로 비시장적 요인이 가격(임금)형성에 상당한 영향력을 발휘한다.

148) 최근 세계 각지에서 벌어지고 있는 경제적 시위는 이러한 요인이 일정 정도 작용하고 있다고 할 수 있다.

은 기본적으로 국민을 대상으로 하는 행정행위이다. 정부가 주체가 되어 행정서비스를 공급하는 것이다. 예를 들어, 정부가 치안서비스를 공급하여 안전한 사회를 제공하면 국민은 치안과 안전에 대해 염려를 하지 않는 것이다. 경제적 맥락으로 표현하면, 정부가 생산하는 치안서비스라는 상품을 국민이 세금을 지불하여 소비하는 것이다. 정책의 최종적인 평가 잣대는 정책의 수요자인 국민의 행복이라 할 것이다. 국민 행복에 대하여 세 가지 원칙을 강조할 수 있다. 첫째, 함께 하는 행복이다. 행복의 특성상 사회적 인정을 받지 못하고 자기 혼자 행복 하려 하는 것은 오래가지 못한다. 행복은 기본적으로 사회적 관계에 지배적이기 때문이다. 남을 불행하게 하거나 남의 행복을 빼앗는 행위는 사회적 인정을 받기 힘들다.[149]

두 번째로 강조하고자 하는 행복은 주체적인 행복이다. 개인은 자신이 가진 경제적·사회적·신체적 여건에 따라 적절하게 희망하고 행동하는 것이 필요하다. 그렇지 않고 과도하게 남을 의식하고 따라 하려고 할 경우 불행해질 가능성이 높아진다. 자신의 역량에 맞는, 자신의 세계관과 타고난 본성에 맞게 희망하고 목표를 세우는 것이 실현가능한 행복찾기로 이어질 수 있을 것이다.

세 번째로 유념할 것은 지속가능한 행복이다. 행복은 전 생애를 전제로 한다. 삶은 한순간이 아니고 생애 전 구간이다. 한순간의 쾌락을 위하여 나머지 생애를 망치는 것은 지속가능한 행복찾기에 어긋나는 것이다. 순간과 현재를 전 생애, 특히 미래지향적인 전망과 조율하는 것이 중요하다. 예를 들어, 노후를 위한다고 지나치게 현재의 행복을

---

149) 극히 드문 예외로 독재자의 행복을 들 수 있다. 국민의 불행을 근거로 자신이 행복해지는 경우이다. 이러한 행복은 비정상적인 행복이라 할 수 있다.

희생하는 것은 지혜롭지 못한 행위가 될 것이다.

함께하고 주체적이고 지속가능한 행복이 개인, 조직, 지역, 사회 차원에서 구현되기 위하여 가장 중요한 전제는 국민의 인식과 실천이다. 국민이 생각하고 각성하여 요구하고 행동하여야 한다. 국가로 하여금 국민이 주체적이고 함께하고 지속적인 행복을 할 수 있도록 행복인프라를 공급하고 공공가치를 배양하며 부의 사회적 선순환이 가능한 정책을 수행할 것을 요구하여야 한다. 국민이 주체가 되어 제안하고 참여하고 평가하고 심판하지 않으면 일부 국민의 왜곡된 행복으로 귀결될 것이다.

이제 대한민국 국민은 대한민국이 가지고 있는 경제력, 예산에 대하여 요구할 수 있는 권리가 있음을 자각해야 한다. 대한민국은 세계 10위권의 경제력을 확보하고 있다. 집안이 못살고 힘이 들 때 자식들이 사달라고 졸라대는 것은 철없고 실현불가능한 일이다. 하지만 부모가 돈도 있고 그 돈을 부모를 위해서만 쓴다면 가족의 일원으로서 요구할 권리가 있다. 가족은 속성상 가족과 관련된 모든 일을 공유한다. 회사와 같이 경쟁, 배제를 일상적으로 하는 이익공동체가 아니다.

논리의 비약은 다소 있지만 대한민국이라는 국가와 국민의 관계도 가족공동체와 가족구성원이라는 구도로 이해할 수 있는 부분이 있다. 99%의 행복을 얻기 위하여 대한민국 시민권에 대하여 성찰할 시점이다. 시민권이라는 용어는 한국 사회에 낯선 개념이다. 이 용어에 대하여는 다양한 해석과 관점이 있을 수 있지만 시민권을, 대한민국 국민이 국가에 대하여 주장하는 적극적인 권리라는 맥락으로 이해할 수 있다. 정부가 국민의 삶과 행복에 대하여 합당한 역할을 하지 못할 때 국민은 대한민국 국민이라는 사실에 근거하여 기본적인 생존권을 주장할 권리가 있는 것이다. 대한민국 공동체가 가지고 있는 물적 자원을 행복친화적이고 사회소통적으로 사용하는 데 정부가 적극적 역할을 할 것을 요구할 만한 상황이자 시점이 되었다.

대한민국 경제는 크기보다 나눔과 사용이 더욱 중요해지고 있다. 대한민국 행복을 높이려면 돈 벌기보다 돈을 쓰는 방식을 고민하는 것이 더욱 현명하다. 국민이 각자 자신들의 행복을 위하여 노력하는 것은 한계가 있다. 행복은 공공재이다. 돈 많이 벌고, 경쟁에서 이겨서 나만의 행복을 찾으려는 방식이 전 사회적으로 벌어지면 결국 무한경쟁을 피할 수 없다. 경쟁에서 이긴 극소수를 제외하고 99%는 사회적 패자가 되어 열패감에서 벗어날 수 없어 집단적 우울증을 앓게된다. 그럼에도 불구하고 국민들은 심지어 정부마저도 구조적으로 1%만이 행복할 수 있는 방식을 유일한 삶의 방식과 사회운영전략으로 받아들이고 좇고 있다. 함께하고 주체적이고 지속가능한 개인과 사회의 행복을 위하여 이제 국가가 행복정책이라는 수단을 과학적이고 체계적으로 집행하는 것이 필요하다. 대한민국 시민권, 그것은 국민으로서 국가에 대하여 국민의 행복을 위해 일해 줄 것을 요구하는 지침이다. 새로운 생각은 새로운 행동으로 실천하고, 새로운 시대는 새로운 행동으로 만들어진다.

참고문헌

강신주(2011), 철학의 시대_춘추전국시대와 제자백가, 사계절

김승권 외(2008), 한국인의 행복결정요인과 행복지수에 관한 연구, 한국보건사
　　회연구원 연구보고서

김윤성·류미연(2011), 명품판타지. 레디앙

김철운(2003), 순자와 인문세계, 서광사

김현진(1999), 토마스 칸 소설의 정신분석적 연구–프로이트 라캉의 무의식론
　　과 토마스칸의 트리스탄, 독일문학 II 제79집

김형효(2004), 사유하는 도덕경, 소나무

김홍중(2009), 마음의 사회학, 문학동네

니시야마 야스오 니시야마 야에코(2009), 김영훈 외 역, 영국의 거버넌스형 마
　　을 만들기_사회적 기업에 의한 도시 재생. 기문당

신동준(2009), 열자론, 인간사랑

이상목(2009), 의학적 의사결정에서 환자의 결정과 가족의 결정, 한국의료윤리
　　학회지(제12권 4호 통권 제24호)

이준영·김난도(2007), 명품의 소비욕망:심층면접을 통한 '욕망의 삼각형이론'
　　의 적용(소비자학연구, 제18권 2호), 한국소비자학회, pp.41–58

전경갑(1999), 욕망의 통제와 탈주, 한길사

정용선(2009), 장자의 해체적 사유. 사회평론

조지프 스티글리츠,아마르티아 센,장 폴 피투시(2011), 박형준 옮김, GDP는 틀
　　렸다: '국민총행복'을 높이는 새로운 지수를 찾아서, 동녘(Report by the
　　Commission on the Measurement of Economic Performance and Social Progress)

진고응(2001), 최진석 역, 노장신론. 소나무

최정규(2007), 이타적 인간의 출현, 뿌리와 이파리

칼 폴라니(2009), 홍기빈 역, 위대한 전환, 길

Abramson and Inglehart(1995), *Values and change in global perspective*, Ann Arbor: University of Michigan Press

Alexis de Tocqueville(1945), *Democracy in America[1845 French edition]*, Phillips Bradley, ed., New York:Knopf

Benjamin, Daniel J., Heffetz, Ori, Kimball, Miles S. and Rees-Jones, Alex(forthcoming), "What Do You Think Would Make You Happier? What Do You Think You Would Choose?", American Economic Review

Boton A.D.(2004), *Status Anxiety*, Puffin Books; 정영목 옮김(2005), 불안, 이레

Campbell et al.(1976), *The quality of American Life. Perceptions, evaluations, and satisfactions,* New York: Russel Sage Foundation

Cohen and Cohen(1996), *Life values and adolescent mental health*, Mahwah, NJ: Erlbaum

Csikszentmihalyi, Mihaly(2005), "*Materialism and the evolution of consciousness*, in Kasser, T. & Kanner, A. D.(Eds), *Psychology and consumer culture: The struggle for a good life in a materialistic world*, Washington DC: American Psychological Association

Dahl, Robert A.(1985), *A preface to economic democracy*, Berkeley:University of California Press

Hamilton, Clive(2004), *Growth fetish*, Pluto Press

Ho, Lok Sang(2006), "The 'Three happiness' and public policy", in Ng and Lok Ed.(2006), *Happiness and Public Policy Theory, Case Studies and Implications*(pp. 47-66), Palgrave Macmillan

Ho, Lok Sang(2011), "Hong Kong's happiness indices: What they tell us about LIFE?", *The Journal of Socio-Economics*, 40

Kasser and Ryan(1993), "A dark side of the American dream: Correlates of financial success as a central life aspiration". *Journal of Personality and Social Psychology*, 65, pp.410-422

Kasser and Ryan(1996), "Be careful what you wish for: Optimal functioning and the relative attainment of intrinsic and extrinsic goal", *Life goals and well-being: Towards a positive psychology of human striving*, in Schmuck, Peter (Ed); Sheldon, Kennon M. (Ed)(2001). *Life goals and well-being: Towards a positive psychology of human striving*, pp.116-131; Ashland, OH, US: Hogrefe & Huber Publishers, xi, p.230

Kasser and Ryan(1996), "Further examining the American dream: Differential correlates of intrinsic and extrinsic goals", *Personality and Social Psychology*, 22, pp.280-287

Kasser et al(2005), *Materialistic values: their causes and consequences,* in Kasser, T. &

Kanner, A. D.(Eds)(2003), *Psychology and consumer culture: The struggle for a good life in a materialistic world*, Washington DC: American Psychological Association

Kasser(2008), *Materialistic Values and the Current Economic Crisis*, PsySR Blog

Kasser, T(2006), *Materialism and its alternatives*, in M. Csikszentmihalyi & I. S. Csikszentmihalyi (Eds.), *A life worth living: Contributions to positive psychology*, Oxford: Oxford University Press, pp.200-214

Kasser, T. & Kanner, A. D.(Eds)(2005), *Psychology and consumer culture: The struggle for a good life in a materialistic world*, Washington DC: American Psychological Association

Kasser, T., Ryan, R.M., Zax, M., Sameroff, A. J(1995), "The reflations of maternal and social environments to late adolescents' materialistic and prosocial values", *Development Psychology*, 31, pp.907-914

Kasser, Vansteenkiste & Deckop(2006). *The ethical problems of a materialistic value orientation for businesses (and some suggestions for alternatives)*, in J. R. Deckop(Ed.), *Human Resource Management Ethics*(pp. 283-306), Greenwich, CT: Information Age Publishing, Inc.

Lane, Robert(2000), *The loss of happiness in market democracies*, Yale University Press

Little, I.M.D.(2002), *Ethics, economics&politics_principles of public policy*, Oxford University Press

Luttmer, Erzo F.P.(2005), "Neighbors as Negatives: Relative Earnings and Well-Being", *Quarterly Journal of Economics*, 120(3)

Madanipour, Ali, Cars, Göran, Allen, Judith ed.(2003), *Social Exclusion in European Cities: Processes, Experiences and Responses*, Routledge

Maslow, Abraham(1954), *Motivation and Personality(3rd Edition)*, Harper and Row Publishers

McHoskey(1999), "Machiavellianism, Intrinsic Versus Extrinsic Goals, and Social Interest: A Self-Determination Theory Analysis", *Motivation and Emotion*, 23(4), pp.267-283

Moore and Mochis(1981), "The effects of family communication and mass media use on adolescent consumer learning", *Journal of Communication*, 31, 42-51.

Ng and Ho Ed.(2006), *Happiness and Public Policy Theory, Case Studies and Implications*, Palgrave Macmillan

Richins and Dawson(1992), "A consumer values orientation for materialism and its measurement: Scale development and validation", *Journal of Consumer Research*, 19(3), pp.303-316

Richins(1992), "Media images, materialism, and what ought to be: the role of social comparison", in F. Rudmin and M.L. richins(Eds.), *Materialism: meaning, measure, and morality*(pp.202–206), Provo. UT: Association for Consumer Research

Robert A. Dahl(1985), *A preface to economic democracy*, Berkeley:University of California Press

Russell(1996); Russell, Bertrand(1996), *The conquest of happiness*, Liveright.

Ryan and Connell(1989), "Perceived locus of causality and internalization: Examining reasons for acting in two domains", *Journal of Personality and Social Psychology*, 57, pp.749–761

Ryan and Deci(2000), "On happiness and human potentials: a review of research on hedonic and eudaimonic well–being". *Annual Review of Psychology*, 52, pp.141–166

Saunders and Munro(2000), "The construction and validation of a consumer orientation questionnaire(SCOI) designed to measure fromm's(1955) 'marketing character' in Australia", *Social Behavior and Personality: an international journal*, 28(3), pp.219–240

Schwartz(1996), "Values priorities and behavior: Applying of theory of integrated values system", in C. Seligman, J.M. Olsnn,&M.P. Zanna(Eds.), *The psychology of values: The Ontario Symposium vol* 8(pp.1–24), Hillsdale, NJ:Erlbaum

Schwartz, S. H.(2007), "Cultural and individual value correlates of capitalism: A comparative analysis", *Psychological Inquiry*, 18, pp.52–57

Sen, Amartya K.(1985), *Commodities and Capabilities*, Oxford: Oxford University Press

Sheldon and McGregor(2000), "Extrinsic Value Orientation and 'The Tragedy of the Commons". *Journal of Personality*, 68, pp.383–411

Sheldon, Sheldon and Osbaldiston(2000), Prosocial values and group assortation Within an N–person prisoner's dilemma game. Human Nature, 11, 387–404.

Shrotryia, Vujay Kumar(2006), *Happiness and development-public policy initiatives in the Kingdom of Bhutan*, Yew–Kwang Ng and Lok Sang Ho ed., *Happiness and public policy: theory, case studies and implications*, palgrave Macmillan

Sirgy(1998), "Materialism and quality of life", *Social Indicators Research*, 43, pp.227–260

Williams, Cox, Hedberg, and Deci(2000), "Extrinsic life goals and health risk behaviors in adolescents", *Journal of Applied Social Psychology*, 30, pp.1756–1771

Gross National Happiness   http://grossnationalhappiness.com/
The Happy Planet Index 2.0   http://www.happyplanetindex.org/
The New Economics Foundation http://www.neweconomics.org/
World Values Survey   http://www.worldvaluessurvey.org/

조승헌

실현 가능한 행복거리를 찾는 남자, 그래서 하루에 맛있는 것 하나만 먹으면 오늘은 본전을 뽑았다며 그 자리 밥값을 다 내는 '비경제적인 경제학자'. 자신의 이해보다 공공의 이익을 먼저 챙기는 처세술이 인정받고 행복하기를 꿈꾸는 남편이자 두 아들의 아빠. 서울대학교 국제경제학과를 마치고 삼성전자, 경제정의실천시민연합을 거쳐 미국 조지아대학교에서 경제학 박사학위를 받았다. 한국환경정책·평가연구원과 행복경제연구소를 거쳐 2년 전부터 인천발전연구원에서 일하고 있다. 함께하는 행복, 주체적인 행복, 지속가능한 행복으로 세상을 가득 채우려는 즐거운 상상을 하고 있다. 저서로 『행복을 디자인하라』가 있다.

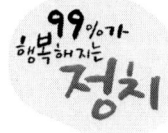
99%가 행복해지는 정치

초 판 인 쇄 | 2012년 5월 31일
초 판 발 행 | 2012년 5월 31일

지 은 이 | 조승헌
펴 낸 이 | 채종준
펴 낸 곳 | 한국학술정보(주)
주   소 | 경기도 파주시 문발동 파주출판문화정보산업단지 513-5
전   화 | 031) 908-3181(대표)
팩   스 | 031) 908-3189
홈 페 이 지 | http://ebook.kstudy.com
E - m a i l | 출판사업부 publish@kstudy.com
등   록 | 제일산-115호(2000. 6. 19)

ISBN   978-89-268-3397-1 93320 (Paper Book)
            978-89-268-3398-8 98320 (e-Book)

이담
Books 는 한국학술정보(주)의 지식실용서 브랜드입니다.